’26 年版

就職試験 これだけ覚える SPI 高得点のコツ

成美堂出版

就職対策の第一歩は SPIをこなすことから!

■ SPIは、志望者の絞り込みに使われる

SPI(Synthetic Personality Inventory)はアメリカで行われていたテストをもとに開発された適性検査である。中学卒業時点での数学の知識ですべて解けることが前提となっていたが、今では有名私立小・中学校の入試問題なども参考にして作られるようになっているようだ。

いつの時代も人気企業の倍率は高く、そのために選考のツールとしてこのSPIが使われている。受検方法は、企業が設けた会場で受ける「ペーパーテスティング方式」、リクルートマネジメントソリューションズが設けた会場もしくはオンライン会場(自宅などで受検)で受ける「テストセンター方式」、企業が設けた会場のパソコンで受ける「インハウスCBT方式」、自宅や大学のパソコンで受検する「WEBテスティング方式」の４つがある。

一部企業で、エントリーシートに学校名の記載を求めないところもある。学歴ではなく、学生の実力を知りたい企業側の姿勢が、顕著になってきているのだ。なお、就活にはゼミやサークルなどで仲間を作るとよい。あるいは就活塾などで他大学の学生とも切磋琢磨することをおすすめする。

■ SPI3は長文読解や推論など考える力を重視する

まずは、その能力検査の特徴をまとめておこう。

〈能力検査(言語分野)〉

- 基礎的な「語彙力」「読解力」が問われる
- 一般的な国語の問題とは少し異なるので、速く正答するには、「SPI的な解き方」に慣れておく必要がある

〈能力検査(非言語分野)〉

- 出題は、論理的思考や数的処理の能力を試すものが中心
- ただし、量が多いので、時間とのたたかいになる
  →大量の問題を迅速かつ正確に解く訓練を積んでおこう！
- 公式を知らないと「解けそうで解けない」問題も多く出される
  →言い換えれば、公式さえ知っていれば、すぐに解ける！

また、言語分野、非言語分野ともに大切なのは「時間配分」だ。「少し考えてもわからない」問題にいつまでもこだわっていると、時間は刻一刻と過ぎていく。そのような箇所はサッと飛ばし、自分が解ける(過去に解いたことがあるような)問題を確実にものにしていったほうが間違いなく得点は伸びる。

■ WEBテスティング方式が主流に

今では、自宅や大学などのパソコンで受検する「WEBテスティング方式」が主流となっている。

企業はZoom(ズーム)などのビデオチャットサービスを使っての会社説明会、１次面接、２次面接を行うようになっている。

SPI３などの筆記試験もＷＥＢ方式で行うところが多くなっているが、一部のマスコミなどでは、会場を借りて作文や一般教養の筆記試験を行っている。

■ 性格検査の設問には「トラップ」がある

SPI３の性格検査の測定領域は情緒的側面・行動的側面・意欲的側面・職務適応性・社会関係的側面・組織適応性である。また、設問には「トラップ」があり、自分をよく見せようとすると、報告書にその旨を書かれることがある。バカ正直に答える必要はないが、適度にバランスをとって回答しよう。

最後に、この本の執筆にあたり協力していただいた阪東100本塾の大勢の方に感謝したい。

2024年３月　就職ゼミ　阪東100本塾主宰
阪東恭一

本書の使い方

「できるところとできないところをハッキリさせ、正解率8割をめざす」

まずは、ひととおりやってみること。大切なのは、**できるところとできないところを、ハッキリさせる**ことだ。曖昧な形ではなく、できるのか否か、また、どこがわからないのかをチェックしておく。まさか0点という人はいないだろう。

2回目は、できなかった部分のみをやる。解けたところは頭に入っているはずだ。

3回目は、2回目でできなかった部分を、今度は解答を読み、再度挑戦する。それでもわからないとき、例えば数学がわからない場合は数学に強い友人や家族に聞いたりすれば、たいてい解けるはずだ。そもそも問題のレベルは高くない。

SPI3の勉強をするときに注意したいのは、何も完璧を期す必要はない、ということである。基本的には**8割できていれば、ほとんどの会社で合格レベル**だからだ。あとは、作文などの筆記や英語や中国語などの語学、企業研究に時間を使ってほしい。

「数学が苦手な人は国語問題からやる」数学はスピードアップを心がける

もうひとつのやり方は、数学が苦手ならば、国語からやることだ。そうしないと国語問題までいかないうちに挫折してしまい、何のために問題集を買ったのかわからない状態となり、お金のむだになってしまう。著者である私としても残念であるし、SPI3に対して苦手意識が植えつけられてしまってはどうしようもない。国語が得意な人はやる必要がないかというと、そうではない。SPI3の国語分野の出題形式に慣れておく必要がある。ただ、**国語は地道にやれば9割はとれる**。すると全体の40〜45%を制覇したことになる。

非言語問題は時間をかければだれでも解けるようなレベルの問題もある。しかし公式や考え方を忘れている人も多いと思われるので、基本的な事項を見やすく表記しておいた。試験では時間との戦いになるため、スピードアップを心がける必要がある。

一般的なSPI3能力検査では、国語(言語)と数学(非言語)の2つの分野から出題される。しかし、すべての会社の試験がそうとは限らない。面接もあるので時事や一般常識程度の知識は、頭に入れておくべきである。新聞は毎日30分は読んで「大人の常識」「経済情報」を知っておきたい。

クリエイティブ問題で差がつく「情報収集」と「訓練」で実力をつける

最後に、最新の傾向について述べたい。それは、クリエイティブ(創造性)テストを取り入れる企業が増えてきていることだ。クリエイティブテストとは、例えば「自分の似顔絵を描いて、その説明を100字で記せ」というようなものだ。このテストには正解がなく、採点者によって判断が分かれる。

ただし、そうはいってもいきなり受検するのと、あらかじめ過去の問題を知っておくのとではだいぶ違う。また、多くの「解答」を書いて(描いて)、周囲の人に見せることで、どれがウケがいいかを判断できる。つまり、一見対策を練ることが不可能に思われる**クリエイティブテストも「情報収集」と「訓練」によってある程度克服できる**ということを言っておきたい。

最近の傾向として、経済のグローバル化に伴い、英語力を重視する企業も増えてきている。162〜165ページに英語の問題を載せているので、確認しておこう。

また、SPI3になって「構造的把握力検査」というオプション検査が登場し、企業によっては課されることもある。

CONTENTS もくじ

PART 1 言語能力検査

PART 2 非言語能力検査

PART 3 新傾向問題

PART 4 性格検査

答えを隠せる赤シート付き！
問題を解く際は、付属の赤シートで
［正解と解答のポイント］を隠してください。

●本書は、原則として2024年３月現在の情報に基づき
編集しています。

□イラスト　高木一夫
□編集協力・DTP　knowm（和田士朗・大澤雄一）

PART 1

言語能力検査

〈国語系基礎問題〉

〈国語系上級問題〉

国語系――

二語の関係（1）

これだけ覚える!! 高得点のコツ それほど難しいものではないが、多くの問題にあたって慣れておくことが大事。

〈　〉内に示す2つの語句と同じ関係になるように、左の語句に対応するものをA～Eから選びなさい。

（1）〈ガソリン：石油〉

豆腐：
- A 牛乳
- B 米
- C 油
- D 大豆
- E 小麦

（2）〈カメラ：撮影〉

ギター：
- A バンド
- B ロック
- C 演奏
- D 楽器
- E ベース

（3）〈有名：著名〉

歴然：
- A 整然
- B 明白
- C 還暦
- D 確実
- E 泰然

（4）〈教師：教育〉

国会：
- A 政府
- B 立法
- C 議員
- D 行政
- E 官僚

（5）〈かまぼこ：魚〉

日本酒：
- A みりん
- B ビール
- C 米
- D 大豆
- E 小麦

（6）〈大阪：日本〉

農業：
- A 産業
- B 漁業
- C 工業
- D 農民
- E 農耕

[正解と解答のポイント]

(1)ーD　原料関係

ガソリンの原料は石油。豆腐の原料は大豆。

(2)ーC　用途関係

カメラは撮影をする道具。ギターは演奏をする道具。バンドやロックは二次的な用途。

(3)ーB　同意語関係

歴然も明白もともに、「はっきりしている」という意味。泰然は「落ち着いた」という意味。

(4)ーB　行為関係

教師は教育をする。国会は立法をする。行政をするのは内閣である。

(5)ーC　原料関係

かまぼこの原料は魚。日本酒の原料は米。

(6)ーA　包含関係

大阪は日本の都市の１つ。農業は産業の１つ。

[ここだけは要チェック!]

CHECK

7つの分類を覚えておく

二語の関係の問題はたいてい下記の７つに分けられる。そのことを意識しながら問題を解けば、分類がかなりラクになるはず。

- □ 原料関係 ― ものとその原料
- □ 用途関係 ― ものとその利用法
- □ 行為関係 ― 人(や機関など)とその仕事(行為)
- □ 包含関係 ― あるもの(人)は～の一種
- □ 包含関係(全体と部分) ― あるものは～の一部(部品)
- □ 同意語関係 ― 二語が同じ意味を表す
- □ 反意語関係 ― 二語が反対の関係にある

国語系——

二語の関係(2)

これだけ覚える!! 高得点のコツ 一般常識なので、日ごろから新聞や本を読んで、知識を蓄積しておこう。

(7)〈キンモクセイ：植物〉

セーター：
- A 毛糸
- B おしゃれ
- C 羊
- D 衣類
- E 防寒

(8)〈バット：野球〉

携帯電話：
- A 通話
- B 家電
- C 電気
- D 電話機
- E 電波

(9)〈昆虫：てんとう虫〉

哺乳類：
- A 雀
- B 牛乳
- C 三毛猫
- D 授乳
- E 印鑑

(10)〈応答：質疑〉

往訪：
- A 赴任
- B 往来
- C 訪問
- D 来訪
- E 招待

(11)〈運賃：タクシー〉

送料：
- A 電車
- B 送別会
- C 不動産
- D 宅配便
- E ファックス

(12)〈椅子：着席〉

自動車：
- A 運転
- B 歩行
- C 運行
- D 修理
- E 燃費

[正解と解答のポイント]

(7)ーD　包含関係

キンモクセイは植物の一種。セーターは衣類の一種。

(8)ーA　用途関係

バットは野球に使う道具。携帯電話は通話に使う道具。

(9)ーC　包含関係

てんとう虫は昆虫の一種。三毛猫は哺乳類の一種。

(10)ーD　反意語関係

往訪は「人を訪ねていくこと」という意味。来訪は「人が訪ねてくること」という意味。

(11)ーD　行為関係

運賃はタクシーに対して払う。送料は宅配便に対して払う。ファックスも紛らわしいが、ファックスに対して払うのは通信料。

(12)ーA　用途関係

椅子は着席するための道具。自動車は運転するための道具。

[ここだけは要チェック!]

CHECK

関係の「方向・大きさ」にも気をつける

同じ包含関係のくくりでも「昆虫：てんとう虫」と「てんとう虫：昆虫」とでは関係の「方向・大きさ」が異なるので要注意。

例えば、

□「昆虫：てんとう虫」と同じ関係は「哺乳類：三毛猫」

昆虫>てんとう虫　　　　哺乳類>三毛猫

□「てんとう虫：昆虫」と同じ関係は「三毛猫：哺乳類」

てんとう虫<昆虫　　　　三毛猫<哺乳類

となる。

二語の関係(3)

(13)〈温暖化：環境問題〉

サッカー：
A ラグビー
B 球技
C 足
D ボール
E スタジアム

(14)〈紙：木〉

空き缶：
A リサイクル
B ガラス
C エコ
D 金属
E ラベル

(15)〈熟読：精読〉

示唆：
A 指示
B 表示
C 暗示
D 教唆
E 表現

(16)〈チラシ：広告〉

新書：
A 文庫
B 出版社
C 新聞
D 読書
E 書籍

(17)〈モアイ像：イースター島〉

法隆寺：
A 聖徳太子
B 飛鳥時代
C 日本
D 漢字
E 寺院

(18)〈遊園地：レジャー施設〉

タバコ：
A 嗜好品
B 喫煙所
C ライター
D 分煙
E 円筒

(19)〈富士山：阿蘇山〉

小学校：
A 小学生
B 校舎
C 教諭
D 勉強
E 中学校

(20)〈ジョッキー：騎乗〉

板前：
A 職人
B 若者
C 修行
D 出前
E 調理

[正解と解答のポイント]

(13)ーB　包含関係

温暖化は環境問題に含まれる。サッカーは球技に含まれる。

(14)ーD　原料関係

紙は木から作られる。空き缶は金属から作られる。

(15)ーC　同意語関係

示唆も暗示も「手がかりを与えて、それとなく気づかせる」という意味。教唆は「教えそそのかす」という意味。

(16)ーE　包含関係

チラシは広告の一種。新書は書籍の一種。

(17)ーC　物と場所

モアイ像はイースター島にある。法隆寺は日本にある。

(18)ーA　包含関係

遊園地はレジャー施設の一種。タバコは嗜好品（しこうひん）の一種。

(19)ーE　並列関係

富士山と阿蘇山は日本の山である。小学校と中学校は学校である。

(20)ーE　行為関係

ジョッキーは騎乗をする。板前は調理をする。

[ここだけは要チェック!]

CHECK 「その他の分類」もある

二語の関係の問題では、11ページで紹介した7つの分類(原料関係、用途関係、行為関係、包含関係など)のほかに、

□ 物と場所 ―― モアイ像：イースター島
　（↑モアイ像がある場所はイースター島）

□ 並列関係 ―― 富士山：阿蘇山(←同じ「山」で並列)

のような分類も出ることがある。難しくはないので、落ち着いて解いていこう。

二語の関係(4)

これだけ覚える!! 高得点のコツ 二語の関係の出題形式には、(21)(22)のような5択問題と、(23)～(26)のような6択問題がある。

〈　　〉内に示された二語の関係を考えて、これと同じ関係のものを選びなさい。

(21)〈腕時計：バンド〉

自動車：
- A オートバイ
- B 運転
- C 運転手
- D エンジン
- E 通勤

(22)〈カメラマン：撮影〉

客室乗務員：
- A 接客
- B 飛行機
- C 制服
- D 客室
- E パイロット

(23)〈哺乳類：ネコ〉

ア ネコ：ネズミ
イ 太陽系：火星
ウ 哺乳類：生物

- A アだけ
- B イだけ
- C ウだけ
- D アとイ
- E アとウ
- F イとウ

(24)〈ワイン：ブドウ〉

ア チーズ：乳
イ 豆乳：大豆
ウ 粉チーズ：パスタ

- A アだけ
- B イだけ
- C ウだけ
- D アとイ
- E アとウ
- F イとウ

(25)〈創造：模倣〉

ア 現実：理想
イ 幻想：想像
ウ 虚偽：真実

- A アだけ
- B イだけ
- C ウだけ
- D アとイ
- E アとウ
- F イとウ

(26)〈漢字：文字〉

ア 大学生：学生
イ 成人：式典
ウ キャンパス：校庭

- A アだけ
- B イだけ
- C ウだけ
- D アとイ
- E アとウ
- F イとウ

[正解と解答のポイント]

(21)ーD　包含関係(全体と部分)

腕時計はバンドを含む(バンドは腕時計の部品)。自動車はエンジンを含む(エンジンは自動車の部品)、自動車とオートバイは「乗り物」で並列関係にある。

(22)ーA　行為関係

カメラマンは撮影する。客室業務員は接客をする。客室乗務員とパイロットは「飛行機の乗務員」で並列関係にある。

(23)ーB　包含関係

哺乳類にネコは含まれる。太陽系に火星は含まれる。同じ包含関係でも「哺乳類は生物に含まれる」は設問の二語とは関係の方向・大きさが異なるので要注意(**二語の関係**(2)を参照)。ネコとネズミは「哺乳類」で並列の関係。よって、イだけ。

(24)ーD　原料関係

ワインの原料はブドウ。チーズの原料は乳。豆乳の原料は大豆。粉チーズとパスタは相性のよい食品。よって、アとイ。

(25)ーE　反意語関係

創造と模倣、現実と理想、虚偽と真実はそれぞれ反意語の関係にある。よって、アとウ。

(26)ーA　包含関係

漢字は文字に含まれる。大学生は学生に含まれる。成人「式」であれば成人を祝う式典なので包含関係。キャンパスと校庭は同意語。よって、アだけ。

国語系――

語句の意味(1)

これだけ覚える!! 高得点のコツ まずは選択肢の語句をすべて確認すること。

次の言葉に最も意味の合う語句をA～Eから選びなさい。

(1)臆病なこと

A 慎重
B 怯懦
C 夭折
D 卑怯
E 焦燥

(2)勢い盛んに活躍すること

A 雄飛
B 勢力
C 隆盛
D 強盛
E 強情

(3)心に刻みこみ忘れないこと

A 固執
B 失念
C 刻銘
D 銘記
E 刷新

(4)言いふらすこと

A 饒舌
B 説教
C 吹聴
D 流暢
E 答弁

(5)しばらくの間

A 暫時
B 光陰
C 漸次
D 姑息
E 変節

(6)世の中のありさま

A 世相
B 外観
C 世間
D 世論
E 席巻

[正解と解答のポイント]

(1)ーB　「きょうだ」と読む。A慎重「注意深く、軽々しく行動しないこと」、C夭折「年若くして死ぬこと」、D卑怯「正々堂々としていないこと」、E焦燥「思うように事が運ばなくてあせること」。

(2)ーA　「ゆうひ」と読む。C隆盛とD強盛は「勢いが盛んなこと」。

(3)ーD　「めいき」と読む。A固執「意見を主張して譲らないこと」、B失念「うっかり忘れること」、C刻銘「石碑などに刻まれた文字」、E刷新「まったく新しいものにすること」。

(4)ーC　「ふいちょう」と読む。A饒舌「おしゃべりであること」、D流暢「言葉がすらすらと出ること」、E答弁「質問に答えて説明すること」。

(5)ーA　「ざんじ」と読む。B光陰「月日や歳月」、C漸次「しだいに」、D姑息「一時の間に合わせ」、E変節「主義などを変えること」。

(6)ーA　「せそう」と読む。B外観「外側から見た様子」、C世間「世の中」、D世論「よろん」とも読む。「世間一般の意見」、E席巻「激しい勢いで、自分の勢力範囲を広げること」。

CHECK [ここだけは要チェック!]

勉強は紙の辞書を使って

日ごろ、電子辞書を使っている人も、同意語・反意語や二語の関係、語句の意味などの勉強は、紙の辞書を使って行おう。電子辞書は目的の単語のみ調べる際には便利だが、紙の辞書なら、調べるのに手間がかかる反面、調べたい単語の前後や上下の言葉などもついでに覚えることができる。

語句の意味(2)

これだけ覚える!! 高得点のコツ　読み方がわかれば、意味を推測できる場合もある。

(7)取り繕って立派に見せること
A 偽作
B 捏造
C 虚飾
D 粉飾
E 校閲

(8)あてもなく歩きまわること
A 邂逅
B 巡行
C 逢着
D 彷徨
E 緩歩

(9)その場の状況に応じて
A 適宜
B 当時
C 暫定
D 逐次
E 即時

(10)自ら役職を退くこと
A 欠略
B 更迭
C 左遷
D 罷免
E 勇退

(11)広い視野で全体を見通すこと
A 透徹
B 回顧
C 達観
D 直感
E 顧慮

(12)遅れてついていけないさま
A 煩雑
B 角逐
C 難航
D 狼狽
E 落伍

(13)多いことと少ないこと
A 耳目
B 比肩
C 多寡
D 寡少
E 雌雄

(14)隠さず打ち明けること
A 叫喚
B 尋問
C 吐露
D 暴露
E 弾劾

[正解と解答のポイント]

(7)ーD　「ふんしょく」と読む。A偽作「本物に似せて作ること」、B捏造「ありもしないことを、事実であるかのように作り上げること」、C虚飾「実際と違う外見だけの飾り」、E校閲「文書や原稿を読み、誤りを正したり不備な点を補足したりすること」。

(8)ーD　「ほうこう」と読む。A邂逅「偶然出会うこと」、B巡行「めぐり歩くこと」、C逢着「出会うこと」、E緩歩「ゆっくりと歩くこと」。

(9)ーA　「てきぎ」と読む。B当時「そのころ」、C暫定「とりあえず定めること」、D逐次「順を追って」、E即時「間を置かないですぐに」。

(10)ーE　「ゆうたい」と読む。A欠略「減らしたり省いたりすること」、B更迭「役職についている人を替えること」、C左遷「前より低い役職に落とすこと」、D罷免「職務をやめさせること」。

(11)ーC　「たっかん」と読む。A透徹「筋道が明確に通っていること」、B回顧「思い返すこと」、D直感「物事を感覚的にとらえること」、E顧慮「気を配ること」。

(12)ーE　「らくご」と読む。A煩雑「こみいってわずらわしいこと」、B角逐「互いに争うこと」、C難航「障害があり、はかどらないこと」、D狼狽「うろたえること」。

(13)ーC　「たか」と読む。A耳目「見聞／人々の注意や関心」、B比肩「匹敵すること」、D寡少「非常に少ないこと」、E雌雄「すぐれていることと劣っていること」。

(14)ーC　「とろ」と読む。A叫喚「わめきさけぶこと」、B尋問「口頭で質問し、問いただすこと」、D暴露「むき出しにすること」、E弾劾「不正や罪を暴き、責任を追及すること」。

語句の意味(3)

これだけ覚える!! 高得点のコツ 漢字が持つ意味と違った意味になる熟語に注意する。

(15) 異彩

A 変わった色
B ひときわ優れた様子
C 様々ないろどり
D きれいな様子
E 眺めのよいところ

(16) 揶揄

A 批判すること
B ほのめかすこと
C 想像すること
D たとえること
E 皮肉を言ってからかうこと

(17) 衆生

A 大衆
B 俗人
C すべての生物
D 農民
E 支配者

(18) 名代(なだい)

A 改名
B 時代
C 昔
D 有名
E 永久

(19) 矜持

A 誇り
B 才能
C 権利
D 気持ち
E 身なり

(20) 所以

A 拠り所
B 理由
C 行い
D 格好
E 居場所

[正解と解答のポイント]

(15)ーB 「いさい」と読む。「異彩を放つ」のように使われる。

(16)ーE 「やゆ」と読む。

(17)ーC 「しゅじょう」と読む。

(18)ーD 「みょうだい」という読み方の場合は、代理をするという意味になる。

(19)ーA 「きょうじ」と読む。「矜恃」とも書く。「自らを誇る気持ち・プライド」の意味。

(20)ーB 「ゆえん」と読む。「理由・わけ」の意味。

[ここだけは要チェック!]

その他覚えておきたい語句

- □ 斡旋(あっせん)：世話をすること
- □ 所謂(いわゆる)：世に言われている
- □ 迂遠(うえん)　：遠回り
- □ 惹起(じゃっき)：引き起こすこと
- □ 所為(しょい)　：そうなった理由。せい。しわざ
- □ 所作(しょさ)　：身のこなし。振るまい
- □ 所詮(しょせん)：結局のところ
- □ 杜撰(ずさん)　：いいかげん
- □ 体裁(ていさい)：外見
- □ 生業(なりわい)：生活するための仕事
- □ 辟易(へきえき)：うんざりすること。たじろぐこと
- □ 流転(るてん)　：移り変わること

語句の用法（1）

これだけ覚える!! 高得点のコツ　下線部の語を他の語に言い換えると、その意味をとらえやすくなる。

下線部の語と最も近い意味で使われているものを、A～Eから選びなさい。

（1）嬉しい評判が立つ

A 電車の中で立つ
B 彼女は明日、羽田を立つ
C 彼が辞めるという噂が立つ
D その話に腹が立つ
E 予算が立つ

（2）勝利をおさめる

A 大学で経済学をおさめる
B 十年の間、国をおさめる
C 財布をかばんにおさめる
D 成功をおさめる
E 丸くおさめる

（3）地位があがる

A 成績があがる
B 雨があがる
C 人前であがる
D 二階へあがる
E 証拠があがる

（4）絵画をかんしょうする

A 他人にかんしょうする
B 名曲をかんしょうする
C 試合にかんしょうする
D 植物をかんしょうする
E かんしょうにひたる

（5）靴ひもをしめる

A 扉をしめる
B 帯をしめる
C 大半をしめる
D 首をしめる
E 気をしめる

（6）謀反をおこす

A 寝ていた子をおこす
B 火をおこす
C 上体をおこす
D 会社をおこす
E 事件をおこす

[正解と解答のポイント]

(1)ーC　「世の中に広まる」という意味。

A－立っているという動作・状態。

B－出発する。

D－(感情が)たかぶる。激する。

E－確定する。成立する。

(2)ーD　「自分のものにする(収・納)」という意味。

A－修める。学問を身につける。

B－治める。統治する。

C－収める。納める。しまう。

E－収める。治める。落ち着かせる。

(3)ーA　「値段・価値・資格等の程度が高くなる」という意味。

B－終わる。

C－落ち着きを失くす。緊張する。

D－上へのぼる。

E－目につくようになる。

(4)ーB　鑑賞で「芸術作品を理解し、味わう」という意味。

A－干渉。

C－完勝。

D－観賞。見て楽しむ。

E－感傷。物思いや悲しみ。

(5)ーB　締めるで「結ぶ」という意味。

A－閉める。閉じる。

C－占める。占有する。

D－絞める。絞めつける。

E－締める。緩みをなくす。

(6)ーE　起こすで「発生させる」という意味。

A－起こす。眠りからさます。

B－熾す。火の勢いを盛んにする。

C－起こす。横向きの状態から立たせる。

D－興す。新たに始める。盛んにする。

語句の用法(2)

これだけ覚える!! 高得点のコツ 助詞では「が」「で」「に」「の」「を」、助動詞では「れる・られる」がよく出題される。

(7) 字の上手な人

A 私の本
B どこへ行くの
C 母の作った弁当
D 漢字を覚えるのは大変だ
E 北海道の魚

(8) 犬にかまれる

A 昔のことが思い出される
B 先生が帰られる
C ようやく眠れる
D 説明会が開かれる
E 将来が思いやられる

(9) 私は東京で生まれた

A みんなで一緒に歌おう
B 風邪で学校を休む
C 豆腐は大豆でできている
D 宿題は1時間ですんだ
E 次の駅で乗り換える

(10) 受け入れられることではない

A また怒られる
B ご主人様が休まれる
C 足を踏まれる
D 外に押し出される
E 加熱すれば食べられる

(11) 氷が水になる

A 今は実家にいます
B 彼は医者になる
C 試合に行く
D 父に叱られる
E 待ちに待った運動会

(12) 筆で書く

A 病気で学校を休む
B 台風で船が欠航する
C タクシーで行く
D 校庭で遊ぶ
E 家族で帰る

[正解と解答のポイント]

(7)ーC 用言(動詞・形容詞・形容動詞)が体言(名詞・代名詞)を修飾する形で使われるときに、その動作や状態の主体を表す。「が」と置き換えることができる。
A・E－「〜のもの」の意味を示す。
B－文末の助詞。
D－「もの・こと」の意味を表す。

(8)ーD 受身を表す助動詞。
A・E－自発。B－尊敬。C－可能。

(9)ーE 場所を示す助詞。
A－動作の行われる状態を表す。
B－原因・理由を表す。
C－材料・方法を表す。
D－時間・値段などのかかった数量を表す。

(10)ーE 可能を表す助動詞。
A・C・D－受身。B－尊敬。

(11)ーB 結果を示す助詞。
A－場所。C－目的。D－受身の相手。E－強調。

(12)ーC 手段を示す助詞。
A・B－原因・理由を表す。　D－場所を表す。
E－どんな状態で行うか(行われるか)を表す。

[ここだけは要チェック!]

CHECK

助動詞「れる・られる」の識別

助動詞「れる・られる」には、次の４つの意味・用法がある。
①受身：他から何かをされる様子を表す。(例)母に怒られる。
②尊敬：相手の行動に対して敬意を表す。(例)先生が話される。
③可能：「○○」できるという意味。(例)誰よりも速く走れる。
④自発：心の動きを表す語の後につく。(例)懐かしく思い出される。

国語系──

語句の用法(3)

これだけ覚える!! 高得点のコツ　名詞などの場合は、言い換えを考えてみる。

(13) 相手に先制される

A 彼は焦っているように感じられる
B 蜂に手を刺される
C このキノコは食べられる
D 先生が先に帰られる
E 故郷の母のことが思い出される

(14) 私の描いた絵

A 有名ブランドのかばん
B この映画は人気がある
C あなたの作品は評価が高い
D 彼の持っている本はおもしろい
E 人を助けるのはすばらしい

(15) 客船でパーティーが開かれる

A 3人で助け合って取り組む
B 図書館で勉強する
C 創立記念日で学校が休みだ
D 課題は2時間で終わった
E 海老で鯛を釣る

(16) 逆転の一手

A 行く手に大きな建物が見える
B 利き手を骨折する
C 聞き手の気持ちを考える
D 手厚くもてなされる
E 治療に可能な限り手を尽くす

(17) 味を占める

A 悪事の味を知る
B スープの味が薄い
C 味のある演技
D 味な趣向
E 塩味せんべい

(18) 彼女の腹がわからない

A 腹に一物ある
B 朝から腹が痛い
C 腹が据わった態度
D 遅刻に腹を立てる
E 指の腹でなぞる

[正解と解答のポイント]

(13)―B　受身を表す助動詞。

A－自発の用法。C－可能の用法。

D－尊敬の用法。E－自発の用法。

(14)―D　用言(動詞・形容詞・形容動詞)が体言(名詞・代名詞)を修飾する形で使われるときに、その動作や状態の主体を表す。「が」と置き換えることができる。

A－「～のもの」の意味を示す。

B－指示語「この」の一部。

C－「～のもの」の意味を示す。

E－「もの・こと」の意味を示す。

(15)―B　場所を示す助詞。

A－どんな状態で行う(行われる)かを表す。

C－原因・理由を表す。

D－時間・値段などのかかった数量を表す。

E－方法・材料を表す。

(16)―E　方法・手段を表す。

A－方向・位置を表す。

B－体の一部としての「手」。

C－何かをする人・人「手」。

D－言葉を強調する「手」。

(17)―A　「経験」という意味。

B・E－舌で感じるものとしての「味」。

C－「趣き」という意味。

D－「気が利いていること」という意味。

(18)―A　「心中」という意味。

B－体の一部としての「腹」。

C－「度量」という意味。

D－「感情」という意味。

E－「中央のふくらんでいるところ」という意味。

国語系──

短文の穴埋め（1）

これだけ覚える!! 高得点のコツ 文中にヒントが含まれている。空欄は文を最後まで読んでから埋めよう。

次の文章の（　　　）に最も当てはまるものはどれか。A～Eから1つ選びなさい。

（1）海外に住んでいた中学生時代、ドイツ語の授業で『グッバイ、レーニン！』という映画を見た。冷戦時代の東ベルリンに住む、熱心な共産主義者の主人公の母が、映画の冒頭で親欧米派との抗争に巻き込まれ、昏睡状態に陥る。二年後、母は（　　　）に生還するが、ベルリンの壁は崩壊していた。

A 必然的　B 合理的　C 偶発的
D 劇的　E 奇跡的

（2）埃及（エジプト）人が永生※の象徴として好んで甲虫（スカラベイ）のお守を彫ったように、古代ギリシャ人は美と幸福と平和の象徴として好んでセミの小彫刻を作って装身具などの装飾にした。声とその諧調（かいちょう）※の美とを賞したのだという。日本のセミは一般に（　　　）もののように取られ、アブラなどは殊に暑くるしいものの代表とされているが、あまり樹木の無いギリシャのセミはもっと静かな声なのかも知れない。

（高村光太郎『蝉の美と造型』より　青空文庫）

※永生：永遠の命　諧調：快い調子・リズム

A 愛くるしい　B 仰々しい　C 喧しい
D 物悲しい　E うら寂しい

[正解と解答のポイント]

(1)ーE　文意は、抗争に巻き込まれた母が昏睡状態に陥り、二年後に(　　　)に生還したが、そのときにはベルリンの壁が崩壊していた、というもの。選択肢を見ると、まずAとBは「生還する」につながらないので排除できる。また、Dは「劇的＝ドラマチックに生還するが、〜壁は崩壊していた」では文意がつながらない。残るCとEは「思いがけずに起こること」で似ているが、「望ましいことが起こる」ニュアンスがあるのはEである。

(2)ーC　ふつうにセミをイメージして、B(＝大げさである)は選択肢から外してよいだろう。その他のA、C、D、Eについては、人によってセミに対するイメージはまちまちなので、決めつけることはできない。文章中の4行目を見ると、「一般に(　　　)もののように取られ」る例として、「殊に暑くるしい」アブラ(ゼミ)が挙げられている。また、6行目で日本のセミと対比して、「あまり樹木の無いギリシャのセミ」は「もっと静かな声なのかも知れない」と述べているので、筆者は日本のセミを「うるさいもの」ととらえていることがわかる。よって、空欄に当てはまるのはCである。

[ここだけは要チェック!]

CHECK

文意をくみ取れば解ける

この手の問題では、まず文章を最後まで読んで、その意味をくみ取ることから始める。続いて、明らかに違う選択肢を排除し、空欄の前後に隠れているヒントを見つけ出すとよい。

国語系――

短文の穴埋め(2)

これだけ覚える!! 高得点のコツ　慣用句は覚えておく。わからなければ1つずつ当てはめて検証する。

次の文章の(　　　)に最も当てはまるものはどれか。A～Eから1つ選びなさい。

(1) 逆転弾を打たれた投手は(　　　)となった。

A 決然　B 呆然　C 黙然　D 憤然　E 騒然

(2) 話が難しく、理解するのに(　　　)が折れた。

A 膝　B 肘　C 心　D 腰　E 骨

(3) 取りつく(　　　)もない態度に閉口した。

A 島　B 暇　C 隙　D 手　E 足

(4) 簡単だと(　　　)をくくってはいけない。

A 腹　B 鼻　C 高　D 臍　E 首

(5) すぐに参りますので、(　　　)お待ちください。

A 一瞬　B 当時　C 随時　D 暫時　E 漸次

(6) 雄大な景色を見て息を(　　　)。

A 吹いた　B 止めた　C 吸った
D 吐いた　E 飲んだ

[正解と解答のポイント]

(1)—B 呆然は「気が抜けたようにぼんやりするさま」という意味。決然は「きっぱりと決心をしたさま」。黙然は「もくねん、もくぜん」と読み、「何も言わずに黙っているさま」。憤然は「激しくいきどおるさま」。騒然は「騒がしいさま、落ち着かないさま」。

(2)—E 「骨が折れる」という慣用句で「苦労する、困難である」。なお、心が折れるは「心の支えを失い、意欲をなくす」。腰が折れるは「邪魔が入り、途中でやめになる」。腰を折るは「腰を屈(かが)める、途中でやめさせる、屈服する」。膝を折るは「膝を屈める、屈服する」。

(3)—A 「取りつく島もない」という慣用句で「頼りにできるところが何もなく、どうすることもできないこと」。航海に出たが立ち寄れる島がなく、避難・休息ができないさまから。発音が似ていることから「取りつく暇もない」と覚えがちだが、誤り。

(4)—C 高をくくるは「大したことはないだろうと見くびること、その程度を(安易に)予測すること」という意味。腹をくくるは「覚悟を決める」という意味なので、ここには合わない。「木で鼻をくくる」という慣用句があるが「ひどく冷淡に対応する」という意味なので、やはり合わない。

(5)—D 「しばらく待て」という意味なので、暫時(ざんじ)を選ぶ。随時(ずいじ)は「好きなときにいつでも、その時々に」という意味。漸次(ぜんじ)は「次第に、だんだん」という意味。

(6)—E 息を飲むは「感動で一瞬息を止めること、感動で言葉が出ないさま」という意味。「止めた」だけでは感動のニュアンスがない。息を吐(つ)くなら「緊張などから解放されてほっとする」という意味になる。

国語系——

文章整序（1）

これだけ覚える!! 高得点のコツ 主語を使っている文が冒頭にくる場合が多い。また、指示語や同じ言葉に着目する。

次のア～オについて、後の問いに答えなさい。

（1）ア　これがいわゆる「出島」であり、「和蘭商館」のあるところである。

イ　二股川はその下手で右からくる支流をあわせて、まっすぐに海へ注ぐのであるが、（中略）河口の右手にもっと大きな扇型の島がある。

ウ　町の中央をやや左寄りに二股川が流れ、その上流は二つの支流にわかれている。

エ　安永の墨一色の「長崎之圖」は、大畠文治右衛門という人の作で、かなり精細である。

オ　左の支流は、（中略）鳴瀧に源を発しており、そのほとんど近くに昌造の生地新大工町がある。

（徳永直『光をかかぐる人々』より　青空文庫）

※原文は旧字・旧かなづかい。一部を新字・新かなに変えた。

アからオを適切な順序に並べ替えた場合、オの次にくる文章として正しいものを選びなさい。

A　ア　　B　イ　　C　ウ

D　エ　　E　オは最後の文章である

(2) ア その団長は、地学博士でした。

イ 事によると、間に合わないと思ったのが、うまい工合(ぐあい)に参りましたので、大へんよろこびました。

ウ トルコからの六人の人たちと、船の中で知り合いになりました。

エ 大祭に参加後、すぐ六人ともカナダの北境を探険するという話でした。

オ 私がニュウファウンドランドの、トリニテイの港に着きましたのは、恰度(ちょうど)大祭の前々日でありました。

（宮沢賢治『ビジテリアン大祭』より　青空文庫）

アからオを適切な順序に並べ替えた場合、オの次にくる文章として正しいものを選びなさい。

A ア	B イ	C ウ
D エ	E オは最後の文章である	

[正解と解答のポイント]

(1)—B

アの「これ」が示すものはイの「扇型の島」であると考えられるため、イ→アとなる。ウの「二つの支流」の説明がオ、イの「左の支流」「右からくる支流」である。よって、ウ→オ→イ→ア。

エはまとめではなく、導入と見るほうが妥当である。

以上より、正しい並びは、エ→ウ→オ→イ→ア。

(2)—B

アの「その」が示すものはウの「トルコからの六人」であると考えられるため、ウ→アとなる。エの話を私にしたのはアの「団長」と考えられるため、ウ→ア→エである。イの「間に合わない」は、大祭に対してのことであると考えられるため、オ→イとなる。ウ→ア→エとオ→イの前後のつながりを考えると、イの次にウがくると考えるのが自然である。

以上より、正しい並びは、オ→イ→ウ→ア→エ。

国語系——

文章整序(2)

これだけ覚える!! 高得点のコツ 順に並べたら、言葉のつながりがよいかどうかを確認する。

次の文の意味が成り立つようにA～Eを並べ替えるとき、[　3　]に入るものを1つ選びなさい。

(1) ニガウリの苗が生長して[　1　][　2　][　3　][　4　][　5　]長さ30㎝程度の未熟果を収穫する

A　1回目の追肥を施して
B　出てきたつるがある程度伸びたら
C　ネットに絡ませて緑のカーテンにするか
D　支柱や棚に絡ませて2回目の追肥を行い
E　さらにつるが伸びてきたら

(2) ストレッチを継続的に行うと[　1　][　2　][　3　][　4　][　5　]体を温めてから行うことが大事だ

A　体の代謝も上がるので
B　様々な動作に対応できるようになり
C　体の柔軟性が高まることで
D　脂肪燃焼効果も高まるが
E　その後に行うエクササイズの

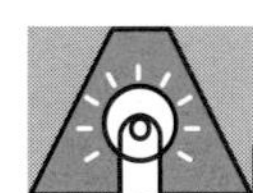

[正解と解答のポイント]

(1)―E

文頭の「生長して」に続く選択肢は、「それに続く行為」を示すAか「どういう状態になるか」を示すBが適当と考えられる。「生長して」→A→Bでは文のつながりがおかしく、「生長して」→B→Aのほうが自然なので[　1　]にはBが、[　2　]にはAが入る。残る選択肢C・D・Eを見ると、CもDも「(つるを)絡ませて～する(行う)」と述べているので並列の関係であり、Cの末尾が「か(＝または)」なので、C→Dの順になる。また、E「さらにつるが伸びてきたら」のあとにくるのは「そのつるをどうするか」を示す文がよいので、E→C→Dの順になる。したがって、[　3　]にはEが入る。その順に並べてみると、B→A→E→C→Dで、『ニガウリの苗が生長して「出てきたつるがある程度伸びたら」「1回目の追肥を施して」「さらにつるが伸びてきたら」「ネットに絡ませて緑のカーテンにするか」「支柱や棚に絡ませて2回目の追肥を行い」長さ30cm程度の未熟果を収穫する』となる。

(2)―A

文頭の「行うと」に続く選択肢を探すと、「行うとどうなるか」を示すA・B・C・Dが候補になる。これらは並列に近い関係なので、文のつながりから順序を検証してみると、類似した言葉が先にあることを示す「も」がA・Dについており、その前にB・Cがくることが推測される。BとCを比べると、「～することで…できるようになる」となるC→Bの順がよい。AとDとEを比べると、A「代謝も上がるので」の後にD「～効果も高まる」がくる順がよいが、「何の」脂肪燃焼効果が高まるかを示すEがDの前にくる。よって、A→E→Dの順になる。A～Eを順に並べると、C→B→A→E→D。したがって、[　3　]にはAが入る。その順に並べてみると、『ストレッチを継続的に行うと「体の柔軟性が高まることで」「様々な動作に対応できるようになり」「体の代謝も上がるので」「その後に行うエクササイズの」「脂肪燃焼効果も高まるが」体を温めてから行うことが大事だ』となる。

国語系――

長文読解（1）―基本編

これだけ覚える!! 高得点のコツ まずは設問を見て、何を問われているかを確認してから、文章を読む。

次の文章を読み、以下の問いに答えなさい。

　ある日、浜町（はまちょう）の明治座の屋上から上野公園を眺めていたとき妙な事実に気がついた。それは上野の科学博物館とその裏側にある帝国学士院とが意外に遠く離れて見えるということである。この二つの建築物の前を月に一度くらいは通るので、近くで見たときのこの二つの建物の距離というものについてはかなりに正確な概念をもっている、少なくもそのつもりでいたのであるが、今度はじめて約三キロメートル半の遠方から眺めてみると、この先入概念がすっかり裏切られてしまって、もう一度改めて科学博物館対帝国学士院の（ア）的関係というものを考え直さなければならないことになってしまった。

　どうしてこういう（ア）的認識の差違が起こるかと考えてみたがよく分らない。色々な原因があるであろうが、その一つとしてはあるいは次のようなことがありはしないか。（イ）、接近して仰向いて見る時には横幅に対して高さの方を大きく見積り過ぎるような傾向があって、そのために二つの高い建物の間隔がつまって見えるのではないかということである。これに反して遠方から見る場合にはもはやふり仰いで見る心持はなくなって、眼とほぼ同水平面にある視角の小さな物体を見ることになるので、それで上下と左右の比率が正しく認識されるのではないかというのである。この解釈は間違っているかもしれないが、（ウ）いくらか（エ）これを支持するような事実が他にも若干ある。

太陽や月の仰角を目測する場合に大抵高く見過ぎる。その結果として日出後または日没前の一、二時間には太陽が特別に早く動くような気がする。

山の傾斜面でもその傾斜角を大きく見過ぎるのが通例である。

これらと少し種類はちがうが、紙上に水平に一直線を描いて、その真中から上に垂直に同長の直線を立てると、その垂直線の方が長く見える。顔の長い人が鳥打帽を冠ると余計に顔が長く見えるという説があるが、これもなんだか関係がありそうである。

(寺田寅彦『観点と距離』より　青空文庫)

(1)(ア)には同じ言葉が入る。当てはまる言葉として、最も適切なものを選びなさい。

A 空間　B 時間　C 科学
D 物理　E 心理

(2)(イ)に入る接続詞を選びなさい。

A というのは
B すなわち
C なお
D 逆に

(3)(ウ)に入る接続詞を選びなさい。

A ところで
B なぜなら
C 例えば
D しかし

(4)下線部(エ)が指している内容に最も近いものはどれか。次の中から選びなさい。

A 眼とほぼ同水平面にある視角の小さな物体を見ることになる。
B この解釈は間違っているかもしれない。
C 仰向いて見る時に、横幅より高さを大きく見積り過ぎる傾向がある。
D 遠方から見る場合にはふり仰いで見る心持はなくなる。

(5)この文章で述べられている内容と合うものを次の中から選びなさい。

a 上野の科学博物館と帝国学士院はかなり遠く離れて建っている。
b 見る地点からの遠近によって見え方の距離感に違いが生じる。
c 接近して仰ぎ見ると、正しい距離感がつかめる。

A aのみ	B bのみ	C cのみ
D aとb	E bとc	F aとc

[正解と解答のポイント]

(1)ーA　明治座の屋上という約三キロメートル半離れた遠方から見た場合と近くから見た場合とで差異が起こったのは、科学博物館と帝国学士院との「距離(空間的な離れ方の大きさ)」である。よって、(A)の「空間」を選ぶ。

(2)ーB　前の文「次のようなことがありはしないか」を(イ)で受けて、後の文で詳しく述べているので、言い換えを示す接続詞・B「すなわち」を選ぶ。

(3)ーD　(ウ)の前の文では「間違っているかもしれない」と述べているが、後の文では、「いくらかこれを支持するような事実が他にも若干ある」と書かれており、内容が逆説的である。よって、逆接の接続詞Dの「しかし」が入る。

(4)ーC　下線部(エ)の「これ」という指示語は、直前の「この解釈」を示している。よって、差異が起こることの解釈を示しているC「仰向いて見る時に、横幅より高さを大きく見積り過ぎる傾向がある」が正解となる。

(5)ーB　「上野の科学博物館とその裏側にある帝国学士院とが意外に遠く離れて見える」という文から、a「上野の科学博物館と帝国学士院はかなり遠く離れて建っている」と結論づけることはできない。「近くで見たときのこの二つの建物の距離というものについて」の概念からすると「意外に遠く離れて見える」ということを述べているにすぎない。b「見る地点からの遠近によって見え方の距離感に違いが生じる」は差異が起こることの解釈として正しい。c「接近して仰ぎ見ると、正しい距離感がつかめる」は「接近して仰向いて見る時には(中略)、そのために二つの高い建物の間隔がつまって見える」という記述に矛盾する。よって正解はB「bのみ」。

国語系一

長文読解（2）ー難解な文章

これだけ覚える!! 高得点のコツ　指示語・代名詞・接続詞の意味やどの語句を指しているかを、正しくとらえることが大事。

次の文章を読み、以下の問いに答えなさい。

ちょっと考えると数学は純粋な論理の系統であり、語学は偶然なものの偶然な寄り集まりのように見える。前者には機械的な記憶などは全然不要であり、後者には方則も何もなく、ただ無条件にのみ込みさえすればよいように思われるかもしれないが、事実はいうまでもなくそう簡単ではない。

数学も実はやはり一種の語学のようなものである、いろいろなベグリッフ※がいろいろな記号符号で表わされ、それが一種の文法に従って配列されると、それが数理の国の人々の話す文句となり、つづる文章となる。（ア）、その言語の内容は、われわれ日常の言語のそれとはだいぶ毛色のちがったものである。しかし幾十百億年後の人間の言語が全部数学式の連続に似たものになりはしないかという空想をほんの少しばかりデヴェロープして考えてみると、（イ）この譬喩（ひゆ）が必ずしも不当でない事がわかるかと思う。

言語はわれわれの話をするための（ウ）であるが、またむしろ考えるための（ウ）である。言語なしに「考える」ことはできそうもない。動物心理学者はなんと教えるかしらないが、私には牛馬や鳶烏（とんびからす）が物を「考える」とは想像できない。（エ）考えの式を組み立てるための記号をもたないと思われるからである。

（寺田寅彦『数学と語学』より　青空文庫）

※ベグリッフ：概念

(1)(ア)に入る接続詞を選びなさい。

A もちろん
B 一方
C ところが
D したがって

(2)下線部(イ)が示す内容として最も適するものを選びなさい。

A 語学は偶然なものの偶然な寄り集まりのようなものだ。
B 人間の言語は全部数学式の連続に似たものだ。
C 数学も一種の語学のようなものだ。
D 言語なしに「考える」ことはできない。
E 動物も物を「考える」ことができる。

(3)(ウ)には共通の言葉が入る。最も適したものを選びなさい。

A 数学
B 文章
C 目的
D 道具
E 情報

(4)下線部(エ)の言い換えとして最も適切なものを選びなさい。

A 機械的な記憶
B さまざまな方則
C いろいろな概念
D 思考の一種
E 数学式の連続

[正解と解答のポイント]

(1)—A　(ア)に続く文の次の文を見てみると、「しかし」という接続詞で始まっている。著者は、その言語、すなわち数学の内容が、日常の言語とは様子が違っていることをいったん認めたうえで、それでも、未来の人間の言語が数学に似たものになっている、という想像をしているのである。これは「もちろん〜しかし〜」というパターンである。よって正解はA。

(2)—C　「この譬喩(ひゆ)」とあるので、著者がどのようなたとえを述べているのかに注意して読む。「この」が指している内容は、同段落の始めの「数学も実はやはり一種の語学のようなものである」という部分である。よって正解はC。

(3)—D　著者は、「言語なしに『考える』ことはできそうもない。」と述べている。また、動物について「考えの式を組み立てるための記号をもたない」とも述べている。つまり、言語とは、「考えの式を組み立てるための記号」だというのが著者の考えだとわかる。この内容に最もあっている言葉はD「道具」である。

(4)—C　本文を確認してみると「いろいろなベグリッフがいろいろな記号符号で表わされ」とある。注に「ベグリッフ：概念」とあるので、記号とは概念を表すものだと確認できる。よって正解はC。

CHECK [ここだけは要チェック!]

長文読解のポイント①

SPI3で出題される長文読解の問題は、内容的にはそれほど難しいものではない。しかし問題を解くには、ある程度のスピードが要求される。

長文の読み方

出題される問題のパターンは、ほとんどが以下の6つのうちに含まれる。

①指示語
②空欄補充(接続詞)
③空欄補充(単語)
④内容把握
⑤主旨の把握
⑥文の並べ替え

そのため、まず問題のほうを見てどのようなことが問われているかを確認してから、長文を読み始めたほうがよい。

それぞれの問題への対策

〈①指示語〉

「それ」や「この」などの指示語が指している内容を問われる。近い内容は、直前の文の中に含まれていることが多いが、決めつけるのは危険だ。

選択肢がすべて文中の単語や文をそのまま引用したものになっているときは、比較的簡単である。しかし、注意しなければならないのが、そのままの引用になっていないときで、この場合は、選択肢の文の内容と指示語の指す文の内容が一致するかどうかをチェックする必要がある。意外と文中のそのままの引用になっているものがワナであったりする。

(46ページに続く)

[ここだけは要チェック!]

CHECK

長文読解のポイント②

〈②接続詞の空欄補充〉

代表的な接続詞を挙げておく。ただし、複数の使い方に注意。例えば、「そして」は添加にも並列にも使われる。

接続詞の問題は空欄補充の形式で出題される。接続詞の前後の文を読む必要があるのは当然としても、前後の一文だけではわかりにくい場合もあるので、一度長文を全部読んで全体の流れをつかんでから取りかかるほうが無難である。

□ **順接**→前の文と後の文が原因(理由)と結果の関係になっているとき。前と後の内容のつながりが自然なとき。
例：したがって・だから・そのため・それで

□ **逆接**→前の文と後の文の内容が互いに反するとき。後の文が前の文の内容を否定しているとき。
例：しかし・だが・ところが・けれども

□ **並列**→前の文と後の文の事柄が並べられているとき。
例：および・また・ならびに

□ **添加**→前の文に後の文が内容を付け加えるとき。
例：しかも・さらに・そのうえ・それから

□ **転換**→前の文の内容から話題転換するとき。
例：では・さて・ところで

□ **選択**→前の文と後の文のどちらかを選ぶとき。
例：または・あるいは・もしくは

[ここだけは要チェック!]

CHECK

長文読解のポイント③

〈③単語の空欄補充〉

次のことを意識しておく。

ア．文中のある文の内容をひと言で示す単語
イ．文中のある単語と同じ意味(言い換え)の単語
ウ．文中のある単語と反対の意味の単語
エ．文章の主旨から容易に想像できる単語

問題とされるのはたいていこのような単語である。
逆にいえば、このような単語でなければ、問題になり得ない。

〈④内容把握〉

「この文章の中で述べられていることと同じもの(違うもの)はどれか」という形式で出題される。長文の中のある文章の正しい言い換えをしている選択肢を選ぶ問題といえる。
長文の問題では、この「言い換え」というのが非常に重要になっていて、いろいろな問題でその正確性が問われる。次のポイントを、意識しておこう。

ア．「すべて」という言葉が隠れている文に注意
例：「学校は勉強をするところとはいえ、けっしてそれだけのものではない」という文を「学校は勉強をするためのところではない」という文と同じに考えてはならない。

イ．内容を必要以上に拡大して解釈しない
例：「彼は理系の問題が得意である」という文を「彼は物理が好きである」という文と同じに考えてはならない。

(48ページに続く)

[ここだけは要チェック!]

長文読解のポイント④

〈⑤主旨の把握〉

〈④内容把握〉で述べた注意点を頭に入れたうえで問題に取りかかろう。内容把握と違うのは、文中で述べられていることでも、主旨とずれていれば不正解になるところ。

内容把握の問題の解答は複数の場合も多いが、主旨の解答はだいたい１つである。長文を読んで主旨が把握できた人は、それを正しく言い換えている選択肢の文を選ぶ。このとき、〈④内容把握〉で述べた注意点を忘れずに。

今ひとつ主旨がつかめない人は、消去法によって、文中で述べられていないもの、必要以上に拡大解釈されているものを消していくとよいだろう。

〈⑥文の並べ替え〉

短文を並べ替えて１つの長文にする問題では、〈②接続詞の空欄補充〉の接続詞に注目する。

●ポイント

ア. 「したがって」「しかし」など、接続詞が冒頭にきている文は１番目にくることはまずない。

イ. アのように冒頭に接続詞を含む文があったら、まずこれに注目し、この文の直前にくる文を探す。その際、〈②接続詞の空欄補充〉で述べた接続詞の用法を考え、逆接だったら反対の内容の文を、順接だったら、原因と結果になっている文を探すとよい。

ウ. 解答するときは、並べ替え済みの選択肢の中から選ぶので、全部並べ替えなくても、ア、イの基準に反する選択肢を消去していけば、１つしか残らないこともある。複数のものが残ったら、それぞれのものを比べる。このようにしたほうが、はじめから自分で全部並べ替えてから選択肢を見るより断然早くできるはず。

PART 2

非言語能力検査

数学系—

鶴亀算

これだけ覚える!! 高得点のコツ 数のわからないもののうち、求めたいものをx、もうひとつをyとした連立方程式を作ると簡単。

鶴と亀が合わせて10匹(羽)いる。足の数を数えると合わせて32本だった。鶴は何羽いるか。

?考え方！

鶴の数をx、亀の数をyとする。

両方合わせて10匹(羽)なので、$x+y=10$……①

足の数は全部で32本なので、$2x+4y=32$……②

①、②の連立方程式を解く。

①の両辺を２倍して、$2x+2y=20$……①′

②から①′を引くと、$2y=12$、$y=6$(匹)

これを①に代入すると、$x=4$(羽)

[問題１] １枚50円の紙と１枚80円の紙を合わせて20枚買ったら代金は1360円だった。50円の紙は何枚買ったか。

A ７枚　B ８枚　C ９枚　D 10枚
E 11枚　F 12枚　G 13枚　H 14枚

[問題２] １本120円の缶ジュースと１本150円のペットボトルを合わせて12本買い、2000円出したところ440円のおつりがあった。缶ジュースは何本買ったか。

A ２本　B ３本　C ４本　D ５本
E ６本　F ７本　G ８本　H ９本

[問題3]りんごが100個ある。6個入りの袋と8個入りの袋に詰めたら13袋できて4個余った。6個入りの袋はいくつできたか。

A 2袋　B 3袋　C 4袋　D 5袋
E 6袋　F 7袋　G 8袋　H 9袋

[正解と解答のポイント]

問題1－B　50円の紙の数をx、80円の紙の数をy。
両方合わせて20枚なので、$x+y=20$……①
合計で1360円なので、
$50x+80y=1360$……②
①、②より$x=8$(枚)

問題2－G　缶ジュースの数をx、ペットボトルの数をy。
両方合わせて12本なので、$x+y=12$……①
合計で代金は、$120x+150y=2000-440$……②
①、②より$x=8$(本)

問題3－C　6個入り袋の数をx、8個入り袋の数をy。
両方合わせて13袋なので、$x+y=13$……①
りんごの数は、$6x+8y+4=100$……②
①、②より$x=4$(袋)

CHECK [ここだけは要チェック!]
連立方程式として解く

～が合わせて何個、～が合計でいくつ、というような文章が2つ続いていたら、たいてい鶴亀算の問題である。1つしかない場合はもう1つを文章から読み取れるかが鍵になる。なお、連立方程式のxとyは対応するものの場合が多い。
例：りんごの数をx、みかんの数をyとする。

数学系――

速度算（1）

これだけ覚える!!
高得点のコツ

速度算の３公式を覚える。
距離＝速さ×時間　　速さ＝距離÷時間
時間＝距離÷速さ

Ａは時速６㎞、Ｂは時速４㎞で同じ地点から同時に同方向へ出発した。３時間後には２人は何㎞離れているか。

？考え方！

ＡとＢは同地点から同方向に向かっているので、１時間では時速の差のぶんだけ離れる。
つまり、６－４＝２（㎞）離れるので、
３時間後には、２×３＝６（㎞）離れている。

［問題１］Ａは時速５㎞、Ｂは時速２㎞で同じ地点から同時に反対方向へ出発した。３時間後には２人は何㎞離れているか。

Ａ 20㎞　Ｂ 21㎞　Ｃ 22㎞　Ｄ 23㎞
Ｅ 24㎞　Ｆ 25㎞　Ｇ 26㎞　Ｈ 27㎞

［問題２］32㎞離れたｐ地点とｑ地点がある。Ａはｐ地点から時速３㎞で、Ｂはｑ地点から時速５㎞で向かい合って同時に出発した。２人が出会うのは何時間後か。

Ａ １時間後　Ｂ ２時間後　Ｃ ３時間後　Ｄ ４時間後
Ｅ ５時間後　Ｆ ６時間後　Ｇ ７時間後　Ｈ ８時間後

[問題３]一周24㎞の湖の周りをＡは時速７㎞で、Ｂは時速５㎞で同じ地点から同時に反対方向へ出発した。２人が出会うのは何時間後か。

Ａ　１時間後　Ｂ　２時間後　Ｃ　３時間後　Ｄ　４時間後
Ｅ　５時間後　Ｆ　６時間後　Ｇ　７時間後　Ｈ　８時間後

[正解と解答のポイント]

問題１―Ｂ　ＡとＢは、１時間で５＋２＝７(㎞)離れるので、３時間後には、７×３＝21(㎞)離れている。

問題２―Ｄ　ＡとＢは、１時間で３＋５＝８(㎞)近づくので、出会うのは、32÷８＝４(時間後)になる。

問題３―Ｂ　ＡとＢは、反対方向へ進んでいるが、道が環状になっているので、**[問題２]**と同じ考え方ができる。したがって、24÷(７＋５)＝２(時間後)

[ここだけは要チェック!]

CHECK　速度算の3公式を応用する

□ ＡとＢが同地点から同方向に進むとき
(Ａの速度－Ｂの速度)×時間＝ＡＢ間の距離

□ ＡとＢが同地点から反対方向に進むとき
(Ａの速度＋Ｂの速度)×時間＝ＡＢ間の距離

□ 離れた地点からＡとＢが向き合って進むとき
ＡＢ間の距離÷(Ａの速度＋Ｂの速度)＝時間
→出会うまでの時間

□ Ａが、先に同方向へ向かったＢを追うとき
ＡＢ間の距離÷(Ａの速度－Ｂの速度)＝時間
→追いつくまでの時間

数学系一

速度算(2)

これだけ覚える!! 高得点のコツ [問題5]のような、時刻表を使った速度算の問題では、表から必要な情報を抜き出すことが大切。

[問題4]時速108km、長さ130mの上りの急行列車が、時速72km、長さ120mの下りの普通列車と出合った。すれ違うのには何秒かかるか。

A 1秒　B 2秒　C 3秒　D 4秒
E 5秒　F 6秒　G 7秒　H 8秒

[問題5]次の表は停留所イを出発し、停留所ロに停車し、停留所ハに至るバスの時刻表である。イロ間の距離は20kmである。

停留所イ	発	12：00
	⬇	
停留所ロ	着	12：30
	発	12：35
	⬇	
停留所ハ	着	12：55

(1)イロ間のバスの平均時速はいくらか。

A 20km/時　B 25km/時　C 30km/時　D 35km/時
E 40km/時　F 45km/時　G 50km/時　H 55km/時

(2)ロハ間のバスの平均時速は30km/時である。12:25にPが自転車で停留所ロを出発したところ、12:45にPはバスに追い越された。Pの平均時速はいくらか。

A 10km/時　B 12.5km/時　C 15km/時　D 17.5km/時
E 20km/時　F 22.5km/時　G 25km/時　H 27.5km/時

[正解と解答のポイント]

問題4－E　時速108kmは、秒速30m
時速72kmは、秒速20m
すれ違うには、2つの列車の長さの和
130＋120＝250(m)のぶんだけ走ることになる。
また2つの列車は1秒間に、
30＋20＝50(m)の速さで接近してきたので、
(130＋120)÷(30＋20)＝5(秒)

問題5

(1)－E　バスが停留所イからロに到着するのにかかった時間は30分、すなわち$\frac{1}{2}$時間。
これより、イロ間のバスの平均時速は、
$20 \div \frac{1}{2} = 40$(km/時)

(2)－C　12:45はバスが停留所ロを出発してから10分後、すなわち$\frac{1}{6}$時間後。よって、
Pがバスに追い抜かれた地点からロまでの距離は、$30 \times \frac{1}{6} = 5$(km)

Pはこの地点まで20分、すなわち$\frac{1}{3}$時間かかっているので、Pの平均時速は、
$5 \div \frac{1}{3} = 15$(km/時)

CHECK [ここだけは要チェック!]

時・分・秒の変換に注意を

計算の過程は合っていても、単位の変換で間違うことがある。
単純な計算だけに、ミスしないよう気をつけたい。
(例)180km/時＝180000m/60分＝3000m/分
＝3000m/60秒＝50m/秒

数学系──

03 仕事算

これだけ覚える!! 高得点のコツ 全体の仕事量を１として考える。3日で終了するなら、1日あたりの仕事量は3分の1である。

ある仕事をＡ１人でするとＩ0日かかり、Ｂ１人でするとＩ5日かかる。この仕事をＡとＢが一緒にすると何日かかるか。

?考え方！

Ａの１日の仕事量 → $\frac{1}{10}$　　Ｂの１日の仕事量 → $\frac{1}{15}$

２人の１日の仕事量は → $\frac{1}{10}+\frac{1}{15}=\frac{1}{6}$

全体の仕事量は１なので、$1\div\frac{1}{6}=6$（日）かかる。

[問題１]ある仕事をＡ１人でするとＩ20日かかり、ＡとＢが一緒にすると12日かかる。この仕事をＢが１人でするとI何日かかるか。

A 20日	B 22日	C 24日	D 26日
E 28日	F 30日	G 32日	H 34日

[問題２]図書館の司書が、月曜日から金曜日まで５日かけて本の整理をする。月曜日に15分の１、火曜日に残りの本の７分の２を整理した。残りの日数で同じ割合ずつ本の整理をする場合、以下の問いに答えよ。

（１）水曜日に整理する量は全体のどれくらいか。

A $\frac{1}{3}$	B $\frac{1}{6}$	C $\frac{1}{9}$	D $\frac{2}{9}$
E $\frac{1}{12}$	F $\frac{1}{15}$	G $\frac{2}{15}$	H $\frac{4}{15}$

(2)水曜日に最初にあった量の15分の2の本が新たに見つかった。残りの日数で同じ割合ずつ本を整理する場合、水曜日に整理する量は元の水曜日の量に比べてどれくらいか。

A $\frac{4}{3}$　B $\frac{5}{3}$　C $\frac{7}{3}$　D $\frac{5}{4}$

E $\frac{7}{4}$　F $\frac{15}{4}$　G $\frac{6}{5}$　H $\frac{15}{14}$

問題1－F　Aの1日の仕事量は、$\frac{1}{20}$　2人では1日で$\frac{1}{12}$

Bの1日の仕事量は、$\frac{1}{12}-\frac{1}{20}=\frac{1}{30}$

全体の仕事量は1なので、$1\div\frac{1}{30}=30$(日)かかる。

問題2

(1)－D　月曜日に整理した本は、$\frac{1}{15}$なので、

火曜日に残っている本は、$\frac{14}{15}$

火曜日に整理した本は、$\frac{14}{15}\times\frac{2}{7}=\frac{4}{15}$

水曜日に残っている本は、$1-\frac{1}{15}-\frac{4}{15}=\frac{10}{15}=\frac{2}{3}$

水木金に同じ作業量で整理するので、
水曜日に整理する量は、$\frac{2}{3}\div3=\frac{2}{9}$

(2)－G　水曜日に全体の15分の2増えた場合、
残っている本は、$\frac{2}{3}+\frac{2}{15}=\frac{12}{15}=\frac{4}{5}$
水木金に同じ作業量で整理するので、
水曜日に整理する量は、$\frac{4}{5}\div3=\frac{4}{15}$

元の作業量と比較すると、$\frac{4}{15}\div\frac{2}{9}=\frac{6}{5}$

CHECK **[ここだけは要チェック!]**

考え方を理解すること

仕事算は公式の暗記ではなく、考え方を理解することが大切。計算は主に分数で行うので、ミスがないように注意したい。

損益算

これだけ覚える!! 高得点のコツ 損益算の公式は、
定価＝原価＋利益＝原価×（１＋利益率）

原価500円の品物に３割の利益を見込んで定価をつけた。この品物の定価はいくらか。

?考え方！

損益算の公式より、定価＝500×（1＋0.3）＝650（円）

[問題１]ある店では製品X、Yを毎月それぞれ240個仕入れている。

（１）ある月に製品Xを１個あたり定価300円として売ったところ240個すべて売り切れ、12000円の利益が出た。製品Xの１個あたりの仕入れ値はいくらか（必要なときは、最後に小数点以下第１位を四捨五入すること）。

A 80円　B 100円　C 150円　D 180円
E 200円　F 220円　G 250円　H 280円

（２）製品Yの１個あたりの原価は60円。仕入れた240個のうち100個を定価の１割引、140個を定価の２割引で販売したら利益は15900円だった。このときの定価はいくらか。

A 80円　B 100円　C 150円　D 180円
E 200円　F 220円　G 250円　H 280円

[問題2] 1個500円の品物を100個仕入れ、2割の利益を見込んで定価をつけたが、40個しか売れないので残りを定価の1割引にして売り切った。利益は全部でいくらか。

A 6000円	B 6200円	C 6400円	D 6600円
E 6800円	F 7000円	G 7200円	H 7400円

[正解と解答のポイント]

問題1

(1)ーG 1個あたりの仕入れ値をxとする。
売値－原価＝利益なので、
$(300\times240)-(x\times240)=12000$(円)　$x=250$(円)

(2)ーC 1個あたりの定価をxとすると全体の売値は、
$0.9x\times100+0.8x\times140=202x$(円)
製品Y全体の原価は、$60\times240=14400$(円)
売値－原価＝利益なので、
$202x-14400=15900$(円)　$x=150$(円)

問題2ーC 定価は、$500\times(1+0.2)=600$(円)
定価で売ったときの利益、$600-500=100$(円)
値引き後の売値は、$600\times(1-0.1)=540$(円)
値引きで売ったときの利益、$540-500=40$(円)
よって全部で、$100\times40+40\times60=6400$(円)

[ここだけは要チェック!]

CHECK **割り引いた売値に注意する**

- □ 原価は仕入れ値ともいう。
- □ 割り引いて売ると、売値＝定価×(1－値引率)
- □ 割り引かないと、売値＝定価

数学系——

料金の割引

これだけ覚える!! 高得点のコツ

「割引料金」や「大人料金・子ども料金」の問題では、割引や値引きになる条件を間違えないこと。例えば、「20個を超えた分について2割引き」なら、21個目からが割引の対象となる。

ある商品をまとめ買いするとき、その価格は次の表のとおりである。

商品1個あたりの価格	
1～100個	800円
101～500個	500円
501個以上	300円

（1）250個まとめ買いする場合、代金はいくらになるか。
（2）750個まとめ買いする場合、代金はいくらになるか。

？考え方！

（1）250個のうち、100個分の代金は、100×800＝80000（円）。残り（250－100＝）150個分の代金は、150×500＝75000（円）。代金の合計は、80000＋75000＝155000（円）。

（2）750個のうち、100個分の代金は、80000円。101～500個は1個あたり500円なので、その400個分の代金は、400×500＝200000（円）。残り（750－100－400＝）250個分の代金は、250×300＝75000（円）。代金の合計は、80000＋200000＋75000＝355000（円）。

[問題1]小学校の遠足で遊園地に行くことになった。この遊園地の正規の入園料は5000円だが、団体で行くと11～30人目までには1000円引き、31人目からはさらに1000円引きが適用される。児童数が50人のとき、児童1人あたりの負担額はいくらか。

A 3500円　B 3600円　C 3700円　D 3800円
E 3900円　F 4000円　G 4100円　H 4200円

[問題2]ある動物園の入園料は大人500円、子ども300円である。また、大人は20人を超えた分について、子どもは15人を超えた分について、それぞれ100円引きされる。大人15人、子ども30人が入場する場合と、大人30人、子ども15人が入場する場合の、支払額の差額はいくらか。

A 2900円　B 3000円　C 3100円　D 3200円
E 3300円　F 3400円　G 3500円　H 3600円

[正解と解答のポイント]

問題1－D　11～30人目の入園料は4000円、それ以降は3000円である。これより全体の支払額は、

5000×10＋4000×20＋3000×20＝190000(円)

これを児童数50で割ると、1人あたりの負担料が求められる。

190000÷50＝3800(円)

問題2－G　大人の20人を超えた分の入園料は1人あたり400円、子どもの15人を超えた分は200円である。これより、大人15人、子ども30人のときの支払額は、

500×15＋300×15＋200×15＝15000(円)

大人30人、子ども15人のときの支払額は、

500×20＋400×10＋300×15＝18500(円)

よって、差額は、18500－15000＝3500(円)

数学系――

金額の清算

これだけ覚える!! 高得点のコツ 金額の清算は、1人あたりの支払額＝支払総額÷人数で求められる。

A、B、Cの3人兄弟がいる。母親の誕生日プレゼントとしてAが2500円、Bが2000円、Cが1200円のものを購入した。3人の支払った金額を同じにするとき、CはAとBにそれぞれいくらずつ支払えばよいか。

?考え方!

A、B、Cが払った金額の平均が、1人が支払うべき金額である。つまり(2500＋2000＋1200)÷3＝1900円が1人の支払うべき金額である。

Aは2500－1900＝600円多く支払っており、Bは2000－1900＝100円多く支払っている。唯一Cだけが、1900－1200＝700円少なく支払っているので、CはAに600円、Bに100円を支払えばよい。

[問題1] P、Q、Rの3人で鍋物をすることになった。PとQは土鍋と食材を合計5000円で購入し、2人で同じ金額を支払った。Rは飲み物を購入し、1800円を支払った。そこにSが参加することになったとき、4人の支払額を同じにするには、SはP、Q、Rにそれぞれいくらずつ支払えばよいか。

A P、Qにそれぞれ600円ずつ、Rに100円を支払えばよい

B P、Qにそれぞれ700円ずつ、Rに100円を支払えばよい

C P、Qにそれぞれ800円ずつ、Rに100円を支払えばよい

D P、Qにそれぞれ900円ずつ、Rに100円を支払えばよい
E P、Qにそれぞれ600円ずつ、Rに200円を支払えばよい
F P、Qにそれぞれ700円ずつ、Rに200円を支払えばよい
G P、Qにそれぞれ800円ずつ、Rに200円を支払えばよい
H P、Qにそれぞれ900円ずつ、Rに200円を支払えばよい

[問題2] X、Y、Zの3人が旅行に行くことになった。Xは高速道路の料金を2100円払い、Yは宿泊費を30000円払った。Zが植物園の入場料金を払った後、3人の支払った金額を同じにするために、YはXから9500円、Zから8900円をもらった。Zが植物園の入場料として支払った金額はいくらか。

A 2200円　B 2300円　C 2400円　D 2500円
E 2600円　F 2700円　G 2800円　H 2900円

[正解と解答のポイント]

問題1－C

総額が5000＋1800＝6800円なので、1人あたりの支払額は6800÷4＝1700円。PとQは5000円を均等に割った金額2500円を支払っている。つまり、PとQは2500－1700＝800円を余計に支払っている。また、Rは1800－1700＝100円を余計に支払っているので、SはPとQに800円ずつ、Rに100円支払えばよい。

問題2－F

Xが支払った金額は、2100＋9500＝11600円。3人が支払った金額は同じなので、Zが入場料として支払ったのは、11600－8900＝2700円。なお、宿泊費を支払ったYは、XとZからそれぞれ、9500円と8900円を受け取ったので、Yが支払った合計金額は、30000－(9500＋8900)＝11600円で、3人が支払った金額は同じになる。

数学系――

分割払い

これだけ覚える!! 高得点のコツ 購入金額の総額を１として、式を立てる。
頭金や分割手数料の有無に注意する。

Ａは国内旅行のツアーに参加した。旅行会社へは契約と同時に頭金として総額の$\frac{5}{13}$を支払った。また、頭金の支払額の$\frac{2}{3}$を旅行直前に支払い、残り全部を旅行後に支払うことにした。旅行後の支払いを７回の分割払いにすると、分割払いの１回分の支払額は、旅行代金のどれだけに当たるか。

?考え方！

旅行直前に支払う金額は、$\frac{5}{13}\times\frac{2}{3}=\frac{10}{39}$　なので、

残額は、　$1-\frac{5}{13}-\frac{10}{39}=\frac{39-15-10}{39}=\frac{14}{39}$

これより、分割払いの１回の支払額は、購入価格の

$\frac{14}{39}\times\frac{1}{7}=\frac{2}{39}$　である。

[問題] Ｂは分割払いでテレビを購入することにした。購入時に頭金を払い、残金は６回の分割払いにした。ただし、分割手数料としての残額の１割を加えた額を６等分して支払うことになる。

(１)頭金が購入金額の$\frac{1}{4}$であるとき、分割払いの１回の支払額は購入金額のどれだけか。

Ａ $\frac{1}{8}$　Ｂ $\frac{1}{6}$　Ｃ $\frac{3}{40}$　Ｄ $\frac{11}{80}$

Ｅ $\frac{5}{66}$　Ｆ $\frac{5}{48}$　Ｇ $\frac{1}{10}$　Ｈ $\frac{11}{60}$

(2)分割払い1回の支払額を購入金額の$\frac{2}{15}$にするためには、頭金は購入金額のどれだけを支払えばよいか。

A $\frac{1}{4}$　B $\frac{1}{5}$　C $\frac{1}{6}$　D $\frac{3}{8}$

E $\frac{5}{8}$　F $\frac{3}{11}$　G $\frac{8}{11}$　H $\frac{4}{5}$

[正解と解答のポイント]

問題

(1)—D　残額は、

$$1-\frac{1}{4}=\frac{4-1}{4}=\frac{3}{4}$$

これに手数料を加えたものを6分割するので、分割払いの1回の支払額は、購入金額の

$$\frac{3}{4}\times\frac{11}{10}\times\frac{1}{6}=\frac{11}{80}$$

(2)—F　分割で支払う金額は、

$$\frac{2}{15}\times 6=\frac{4}{5}$$

これから、手数料を除くには、(1)の手数料を加えたときの逆数$\frac{10}{11}$をかければよい

$$\frac{4}{5}\times\frac{10}{11}=\frac{4\times 2}{11}=\frac{8}{11}$$

よって頭金は、

$$1-\frac{8}{11}=\frac{3}{11}$$

CHECK [ここだけは要チェック!]

分母の数字をそろえる

分割払いなどで出題される分数の足し算・引き算では、まず、通分する(分母を共通の数字にそろえる)のがコツ。

数学系──

場合の数（順列・組み合わせ）（1）

これだけ覚える!!
高得点のコツ

順列と組み合わせの違いを理解する。

- 順列：異なるn個のものからr個取って並べる
- 組み合わせ：異なるn個のものからr個取る

Aはバンドをやりたいので、10人の友達の中からギター、ベース、ドラムを担当する人を探している。選び方は何通りあるか。

？考え方！

ギターを10人から選ぶと、選び方は10通り。次に、ギターを選んだ人を除く９人からベースを選ぶ方法は９通り。そのとき、ギターとベースの選び方は、10×９（通り）。さらに、ギターとベースを除く８人からドラムを選ぶ。ドラムの選び方は８通りなので、ギター、ベース、ドラムの選び方は、10×９×８＝720（通り）となる。ちなみに、このような選び方を順列という。

［問題１］１、２、３、４、５の５枚のカードから３枚を順に取り出すときに出る数の並べ方は何通りあるか。

A 10通り	B 12通り	C 36通り	D 48通り
E 60通り	F 72通り	G 84通り	H 96通り

［問題２］１、２、３、４、５の５枚のカードを順に取り出すときに出る数の並べ方のうち、２枚目と４枚目に偶数が出る並べ方は何通りあるか。

A ３通り	B ４通り	C ６通り	D ８通り
E 12通り	F 16通り	G 24通り	H 36通り

[正解と解答のポイント]

問題１－E　順列の問題

５枚のうち、３枚を順に取り出して並べるので、

$_5P_3=5\times4\times3=60$(通り)

問題２－E　２枚目と４枚目には２か４が入るので、ここでの並べ方は$2\times1=2$(通り)。

１枚目、３枚目、５枚目には、１、３、５が入るので、$3\times2\times1=6$(通り)。

よって、５枚の並べ方は、$6\times2=12$(通り)

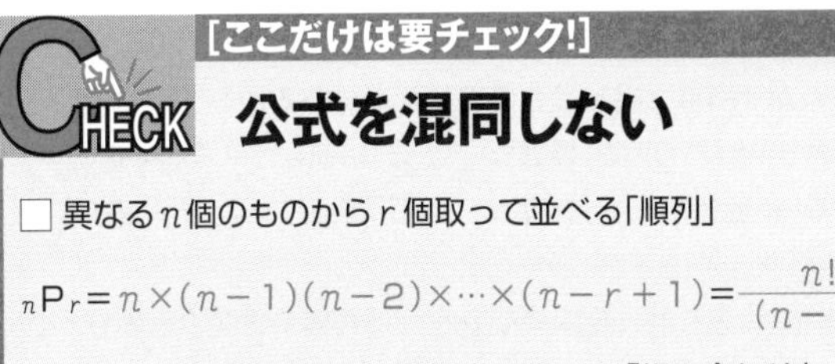

[ここだけは要チェック!]

公式を混同しない

□ 異なるn個のものからr個取って並べる「順列」

$$_nP_r=n\times(n-1)(n-2)\times\cdots\times(n-r+1)=\frac{n!}{(n-r)!}$$

□ 異なるn個のものからr個取ってできる「組み合わせ」

$$_nC_r=\frac{n\times(n-1)(n-2)\times\cdots\times(n-r+1)}{r\times(r-1)\times(r-2)\times\cdots\times1}=\frac{n!}{r!(n-r)!}$$

※$n!=n(n-1)(n-2)\times\cdots\times2\times1$　$0!=1$

□ 計算例①：６人から２人選んで１列に並べる方法は「順列」

$$_6P_2=\frac{6!}{(6-2)!}=\frac{6\times5\times4\times3\times2\times1}{4\times3\times2\times1}=6\times5=30(\text{通り})$$

□ 計算例②：６人から２人選ぶ方法は「組み合わせ」

$$_6C_2=\frac{6!}{2!(6-2)!}=\frac{6\times5\times4\times3\times2\times1}{2\times1\times4\times3\times2\times1}=\frac{6\times5}{2\times1}=15(\text{通り})$$

数学系――

場合の数（順列・組み合わせ）（2）

これだけ覚える!! 高得点のコツ 組み合わせの公式はしっかり押さえておくこと。設問が2つある場合は最初の設問を利用できる場合がある。

［問題3］コインを6回投げるとき、次の（1）と（2）に答えよ。

（1）表が2回だけ出る場合の数は何通りあるか。

A 2通り　B 4通り　C 8通り　D 10通り
E 12通り　F 15通り　G 20通り　H 30通り

（2）表が3回以上出る場合の数は何通りあるか。

A 6通り　B 12通り　C 18通り　D 24通り
E 30通り　F 36通り　G 42通り　H 48通り

［問題4］物理5問、化学4問からなる理科のテストがあり、この中から4問を選んで解答する。

（1）物理と化学から各2問ずつ選ぶ場合の数は何通りか。ただし、解く順序は考えないものとする。

A 10通り　B 20通り　C 30通り　D 40通り
E 50通り　F 60通り　G 70通り　H 80通り

（2）物理、化学とも少なくとも1問は選ぶ場合、計4問を選ぶ場合の数は何通りか。ただし、解く順序は考えないものとする。

A 40通り　B 60通り　C 70通り　D 80通り
E 90通り　F 100通り　G 110通り　H 120通り

[正解と解答のポイント]

問題3

(1)−F 6回のうち、表が2回出ればよいので、
$_6C_2 = \frac{6 \times 5}{2 \times 1} \times 1 = 15$(通り)

(2)−G 6回のうち、表がそれぞれ3回、4回、5回、6回出る場合を求めてもよい。しかし(1)で2回出る場合を求めたので、表裏が出るすべての場合から、表が2回出る場合、1回出る場合、表が出ない場合を引くと早い。
表裏すべてのバリエーションは、$2^6 = 64$(通り)
(1)より、表が2回出る場合は15通り
表が1回出る場合は、$_6C_1 = 6$(通り)
表が出ない場合は、1通り
よって、3回以上表が出るのは、
$64 - (15 + 6 + 1) = 42$(通り)
ちなみに、表がそれぞれ3回、4回、5回、6回出る場合を求めると、3回出るのは$_6C_3 = 20$(通り)、4回出るのは$_6C_4 = 15$(通り)、5回出るのは$_6C_5 = 6$(通り)、6回出るのは$_6C_6 = 1$(通り)、ゆえに、$20 + 15 + 6 + 1 = 42$(通り)になる。

問題4

(1)−F 物理5問中2問を選ぶのは、$_5C_2 = 10$(通り)
化学4問中2問を選ぶのは、$_4C_2 = 6$(通り)
よって、求める場合の数は、$10 \times 6 = 60$(通り)

(2)−H 「物理1問・化学3問」「物理・化学各2問」「物理3問・化学1問」の3パターンがある。物理1問・化学3問の場合は、$_5C_1 \times {}_4C_3 = 5 \times 4 = 20$(通り)
物理・化学各2問の場合は、(1)より60(通り)
物理3問・化学1問の場合は、
$_5C_3 \times {}_4C_1 = 10 \times 4 = 40$(通り)
よって、求める場合の数は、
$20 + 60 + 40 = 120$(通り)

数学系——

場合の数(順列・組み合わせ)(3)

これだけ覚える!! 高得点のコツ

円順列は回転移動させると同じ順番に並ぶものが出てしまう。そこで、特定の1人を固定させ、順列と同じように考える。ただし、座席に数字が振られている場合は[問題6]のように考える。

[問題5]丸いテーブルに8人が座るとき、座り方は全部で何通りあるか。

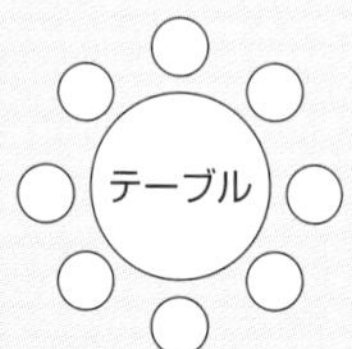

A 8通り　B 56通り　C 120通り　D 240通り
E 720通り　F 2520通り　G 5040通り　H 40320通り

[問題6]丸いテーブルに①～⑥の6脚のいすが用意されていて、ここにP、Q、Rの男子3名とS、T、Uの女子3名の計6名が座る。

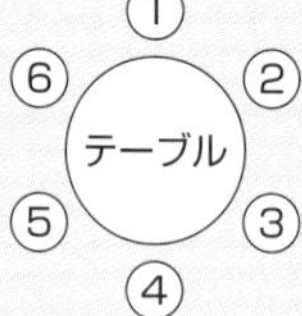

(1)PとQが隣り合って座るとき、座り方は何通りあるか。

A 18通り　B 24通り　C 36通り　D 72通り
E 144通り　F 288通り　G 360通り　H 432通り

(2)男子と女子が交互に座るとき、座り方は何通りあるか。

A 9通り　B 12通り　C 24通り　D 64通り
E 72通り　F 120通り　G 240通り　H 360通り

[正解と解答のポイント]

問題5－G

８人の円順列と考えればよいので、

(8－1)！=7×6×5×4×3×2×1＝5040(通り)

円順列とは、異なるn個のものを円周上に並べる順列で、その並べ方は(n－１)！通りになる(１人の座る位置を固定すると、ほかの７人の位置を決めるだけになる。７人の座り方は、７人を一列に並べるのと同じになるので、上記のようになる)。

問題6

(1)－F

座席に数字が振られている場合は、回転移動がないので「円順列ではない」ことに注意しよう。Ｐの座り方は①～⑥の６通りあり、Ｑはその両隣のどちらかに座るので、ＰとＱの座り方は、６×２＝12(通り)。残る４人の座り方は、４×３×２×１＝24(通り)。よって、ＰとＱが隣り合って座る座り方は、

12×24＝288(通り)になる。

(2)－E

男子が①、③、⑤に座るとき、女子は②、④、⑥に座る。このとき、男子の座り方は、３×２×１＝６(通り)。

女子も同じく６通りで、座り方は６×６＝36(通り)。

男子と女子の座るいすが逆の場合があるため、男女交互に座る座り方は、36×２＝72(通り)になる。

[別解]

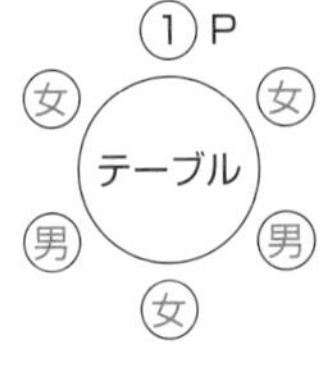

Ｐが座る位置を①と固定した場合、時計回りに「Ｐ女男女男女」の順番となる。残りの男子２名、ＱとＲの座り方は順列で求められ、2!＝２×１＝２(通り)。女子３名、Ｓ、Ｔ、Ｕの座り方も順列で求められ、

3!＝３×２×１＝６(通り)。したがって、Ｐが①に座る座り方は、２×６＝12(通り)。また、いすは①から⑥まであるので、男女が交互に座る座り方は、12×６＝72(通り)

数学系――

確率（1）

これだけ覚える!! 高得点のコツ

$$確率=\frac{ある事柄が起こり得る場合の数}{起こり得るすべての場合の数}$$

３枚のコインを同時に投げたとき、３枚とも裏になる確率はいくつか。

?考え方①!

コインは表と裏があるので、１枚のコインを投げたときに裏になる確率は２分の１。
この問題では３枚なので、$\frac{1}{2}\times\frac{1}{2}\times\frac{1}{2}=\frac{1}{8}$

?考え方②!

コインは表と裏があるので、１枚のコインを投げたときに起こり得るのは表と裏の２通り。この問題では３枚なので、
　２×２×２＝８（通り）。
また、コインが３枚とも裏になるのは、裏－裏－裏となったときの１通り。よって８分の１。

[問題１]当たりが３本、はずれが７本入っているくじがある。このくじを２回引こうと思う。

（1）１回目に引いたくじを元に戻すとき、２回とも当たる確率はいくつか。

A $\frac{3}{5}$　B $\frac{3}{10}$　C $\frac{3}{20}$　D $\frac{9}{20}$

E $\frac{1}{30}$　F $\frac{1}{10}$　G $\frac{3}{100}$　H $\frac{9}{100}$

(2) 2回続けて引くとき、2回とも当たる確率はいくつか。

A $\frac{3}{5}$　B $\frac{3}{10}$　C $\frac{3}{20}$　D $\frac{9}{20}$

E $\frac{1}{30}$　F $\frac{1}{15}$　G $\frac{3}{100}$　H $\frac{9}{100}$

[問題2] 6個のくじで当たりが1つだけあり、6人で引く。くじを戻さないとき、3人目が当たりを引く確率はいくつか。

A $\frac{1}{36}$　B $\frac{1}{30}$　C $\frac{1}{24}$　D $\frac{1}{18}$

E $\frac{1}{12}$　F $\frac{1}{6}$　G $\frac{1}{3}$　H $\frac{1}{2}$

[正解と解答のポイント]

問題1

(1)ーH　くじが当たる確率は10分の3。
2回引くので、$\frac{3}{10}\times\frac{3}{10}=\frac{9}{100}$

(2)ーF　1回目が当たる確率は10分の3。
2回目に当たる確率は、1回目に当たりが1本出ているため9分の2。
よって2回とも当たる確率は、$\frac{3}{10}\times\frac{2}{9}=\frac{1}{15}$

問題2ーF　3人目が当たりくじを引く確率を求める。くじを戻さないので、全体のくじの数は1つずつ減る。1人目がはずれの確率は$\frac{5}{6}$、2人目がはずれの確率は$\frac{4}{5}$、3人目が当たる確率は$\frac{1}{4}$。2人目までがはずれ、かつ3人目が当たる確率を求めるので、これらの確率をかけ合わせる。

$$\frac{5}{6}\times\frac{4}{5}\times\frac{1}{4}=\frac{1}{6}$$

確　率(2)

これだけ覚える!! 高得点のコツ

いくつかの事象が起きる確率を求める際には、2つの確率が「かつ」なのか「または」なのかをしっかり把握する。

- Aかつ Bの確率を求めるなら、(Aの確率)×(Bの確率)
- Aまたは Bの確率を求めるなら、(Aの確率)+(Bの確率)

[問題3]白玉が4個、黒玉が3個入っている袋がある。

(1)袋から同時に2個の玉を取り出すとき、2個とも黒玉になる確率はいくつか。

A $\frac{1}{3}$　B $\frac{1}{4}$　C $\frac{1}{6}$　D $\frac{1}{7}$

E $\frac{1}{12}$　F $\frac{2}{7}$　G $\frac{2}{3}$　H いずれでもない

(2)袋から同時に3個の玉を取り出すとき、2個以上白玉になる確率はいくつか。

A $\frac{3}{5}$　B $\frac{1}{7}$　C $\frac{3}{7}$　D $\frac{3}{14}$

E $\frac{4}{21}$　F $\frac{13}{21}$　G $\frac{22}{35}$　H いずれでもない

[問題4]ある人が2回連続で射的のゲームを行うとき、的に命中する確率は1回目が0.4、2回目が0.8である。

(1)2回とも的に命中する確率はいくつか。

A 0.21　B 0.27　C 0.32　D 0.37

E 0.43　F 0.48　G 0.54　H 0.60

(2)的に命中するのがどちらか1回である確率はいくつか。

A 0.32　B 0.36　C 0.40　D 0.44

E 0.48　F 0.52　G 0.56　H 0.64

(3)2回とも的に命中しない確率はいくつか。

A 0.09　B 0.12　C 0.15　D 0.18

E 0.21　F 0.24　G 0.27　H 0.30

[正解と解答のポイント]

問題3

(1)ーD　7個の玉から2個を選ぶ組み合わせと、黒玉3個から2個を選ぶ組み合わせはそれぞれ、

$\frac{7\times6}{2\times1}=21$(通り)と$\frac{3\times2}{2\times1}=3$(通り)

2個とも黒玉の確率は、$\frac{3}{21}=\frac{1}{7}$

(2)ーG　「2個以上白玉」ということは、①「3個すべてが白玉」または②「2個が白玉で1個が黒玉」のいずれか。①の確率は、7個の玉から3個を選ぶ組み合わせが、$\frac{7\times6\times5}{3\times2\times1}=35$(通り)と、3個すべてが白玉の組み合わせが4通りなので、$\frac{4}{35}$となる。また、白玉4個から2個を選ぶ確率が$\frac{4\times3}{2\times1}=6$、黒玉3個から1個を選ぶ確率が$\frac{3\times1}{1}=3$から、②の確率は、$\frac{6\times3}{35}\times\frac{18}{35}$となる。2個以上白玉になる確率は、①または②の出来事が起きる確率　$\frac{4}{35}+\frac{18}{35}=\frac{22}{35}$

問題4

(1)ーC　2つの事象が連続して起こる(「かつ」である)ので、求める確率は、1回目の確率×2回目の確率である。

0.4×0.8＝0.32

(2)ーG　「2回のうちどちらか1回成功する確率」は「全体の確率(＝1)」から「ア：2回とも成功する確率」と「イ：2回とも失敗する確率」を引くと求められる。アは(1)より0.32なので、イがわかればよい。各回の失敗の確率はそれぞれ、1－0.4＝0.6と1－0.8＝0.2

したがって、イは0.6×0.2＝0.12

よって、求める確率は、1－(0.32＋0.12)＝0.56

(3)ーB　(2)より「イ：2回とも失敗する確率」は、0.12

数学系──

集合(1)

これだけ覚える!! 高得点のコツ

集合の問題ではまず図を描いてみよう。
全体の集合を長方形で描き、その中にそれぞれの集合を円で描く。円の重なる部分に注目。

ある50人にアンケートを行ったところ、次のような結果が出た。

●映画が好き……28人　●音楽が好き……25人

●どちらも好きでない……12人

(1) 映画も音楽も好きな人は何人いるか。

(2) どちらか一方だけ好きな人は何人いるか。

?考え方!

映画が好き a　両方好き d　音楽が好き b　50人
どちらも好きでない c

右のような図が描ける。

(1) dはaとbの重複部分であるから、a＋b－d＋c＝50となる。a＝28、b＝25、c＝12より　d＝15(人)

(2) 両方好きのdをaとbそれぞれから引いて、それぞれの結果を加える。(28－15)＋(25－15)＝23(人)

[問題1] 130人の学生がいる。得意な語学についてアンケートを行ったところ、次のような結果が出た。

• 英語が得意…………70人　• フランス語が得意……42人

• ドイツ語が得意……27人

このうち、英語とフランス語の2つが得意な人は24人、ドイツ語だけ得意な人は13人いた。

(1) どの語学も得意でない学生は何人いるか。

A 25人　B 26人　C 27人　D 28人
E 29人　F 30人　G 31人　H 32人

(2)フランス語とドイツ語は得意だが英語が得意でない学生は、フランス語だけ得意な学生の2分の1であった。フランス語だけ得意な学生は何人いるか。

A 5人	B 6人	C 7人	D 8人
E 9人	F 10人	G 11人	H 12人

[正解と解答のポイント]

問題1

右のような図が描ける。

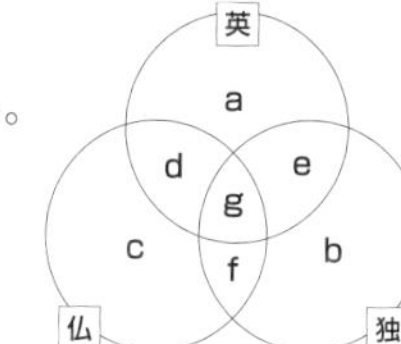

(1)ーE

まず、語学が得意と答えた人数を求める。

英語が得意が70人、フランス語が得意が42人で、両方得意が24人いるので、重複を引くと、70＋42－24＝88(人)となり、ドイツ語だけ得意な13人を足すと101人になる。これを式で表すと、

$(a+d+g+e)+(c+d+f+g)-(d+g)+b$

$=a+b+c+d+e+f+g$

$=70+42-24+13=101$(人)

これを学生全体から引けばよいので、

130－101＝29(人)

(2)ーH

まずは図のどこに当たるかを考える。

フランス語とドイツ語は得意だが英語が得意でない学生＝ f

フランス語だけ得意な学生＝ c

英語は得意でないがフランスが得意な学生＝ c ＋ f を求めると、 c ＋ f ＝42－24＝18(人)

ここで、設問の条件から f は c の半数なので、

f ＝0.5 c　c ＋ f ＝1.5 c ＝18(人)となる。

よって、フランス語だけ得意な学生は、 c ＝12(人)

数学系一

集 合（2）

これだけ覚える!! 高得点のコツ

混乱しそうなときこそ、ベン図をしっかり書く。
データが多い場合には、どれを使えば答えが求められるか、しっかり情報を整理することが大切。

［問題2］XとYのチームがサッカーのPKの練習をそれぞれ2回行い、結果は次のようになった。

チーム	回数	ゴール	失敗
X（25人）	1回目	13人	12人
	2回目	10人	15人
Y（30人）	1回目	17人	13人
	2回目	20人	10人

（1）Xチームで1回目にゴールし、2回目に失敗した人数は8人だった。Xチームで2回とも失敗したのは何人か。

A 5人　B 7人　C 9人　D 11人
E 13人　F 15人　G 17人　H いずれでもない

（2）Yチームで1回目と2回目の両方でゴールした人は、少なくとも何人いるか。

A 3人　B 7人　C 10人　D 13人
E 15人　F 17人　G 20人　H いずれでもない

（3）Yチームで1回目と2回目のどちらか一方でゴールした人は13人であった。2回ともゴールしたのは何人か。

A 4人　B 8人　C 10人　D 12人
E 14人　F 16人　G 18人　H いずれでもない

[正解と解答のポイント]

問題2

(1)－B　Xチームの結果のベン図は、次のとおり。

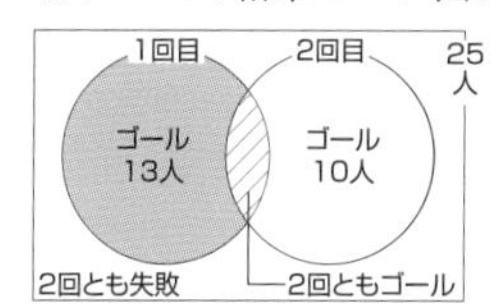

1回目にゴールし、2回目に失敗した8人は、図の〔図〕の部分。2回ともゴールしたのは、図の斜線部分で、13－8＝5(人)

よって、2回ともゴールしていないのは、

25－{(13－5)＋(10－5)＋5}＝7(人)

(2)－B　Yチームの結果のベン図は、次のとおり。

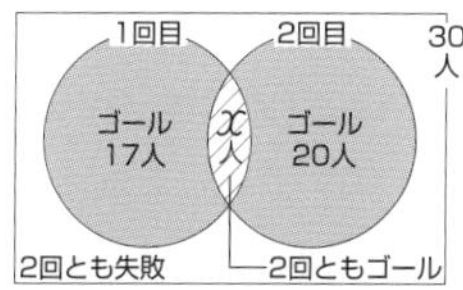

1回目と2回目の両方でゴールした人(図の斜線部分)をx人と置くと、1回もゴールを決めていない、つまり、2回とも失敗したのは、

$30-\{(17-x)+(20-x)+x\}$(人)

これを計算すると、$30-17-20+x+x-x$

$=30-37+2x-x=x-7$(人)

この1回もゴールを決めていない人は、少なくとも0人以上存在するので、$x-7 \geqq 0$　である。

整理すると、$x \geqq 7$

つまり1回目と2回目の両方でゴールした人は、7人以上となる。

(3)－D　1回目と2回目のどちらか一方でゴールした人(図の〔図〕と〔図〕の部分)は13人であったことから、

$(17-x)+(20-x)=13$　　$x=12$(人)

集合(3)

これだけ覚える!! 高得点のコツ 集合(1)(2)と同様に、円の重なる部分を重複して数えないように注意する。

[問題3]ある小学校の生徒800人に対して、習い事に関するアンケートを実施したところ、次のような結果を得た。

調査項目	はい	いいえ
剣道を習っている	200	600
ピアノを習っている	350	450
学習塾に通っている	650	150

(1)剣道もピアノも習っていると答えた生徒は100人いた。剣道もピアノも習っていないと答えた生徒は何人いることになるか。

A 150人　B 200人　C 225人　D 280人
E 300人　F 350人　G 375人　H いずれでもない

(2)剣道を習っていないと答えた生徒のうち、4分の3は学習塾に通っていると答えた。剣道を習い、学習塾にも通っていると答えた生徒は何人か。

A 150人　B 180人　C 200人　D 225人
E 250人　F 300人　G 360人　H いずれでもない

[正解と解答のポイント]

問題3

(1)ーF　ベン図にすると、次のとおりになる。

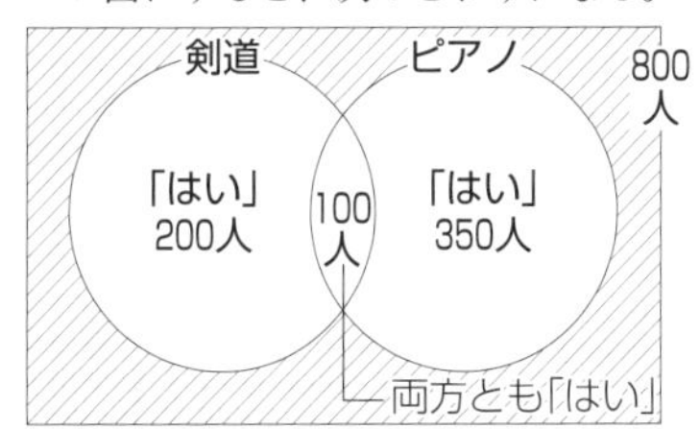

求めるのはベン図の斜線部分なので、

800－(200＋350－100)＝350(人)である。

(2)ーC　ベン図にすると、次のとおりになる。

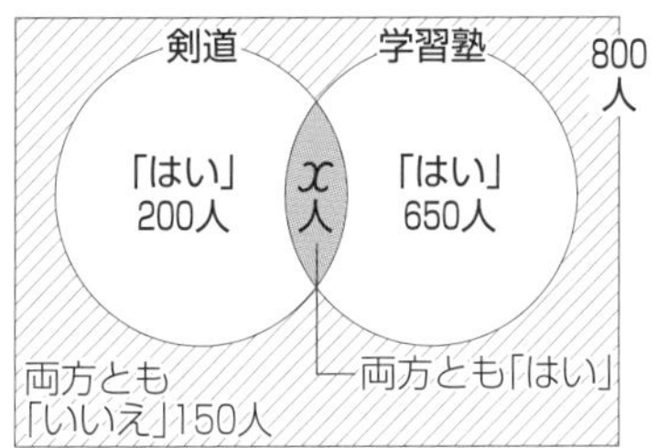

剣道を習っていない生徒600人のうち、4分の3は学習塾に通っているが、4分の1の150人は学習塾にも通っていない(ベン図の斜線部分)。よって、剣道を習い、学習塾にも通っている生徒(図の◯の部分)をx(人)とすると、◯＋◯＋◯で

$(200-x)+x+(650-x)+150=800$

となる。

$850-x=650$　　$x=200$(人)

数学系—

領域（グラフ）問題（1）

これだけ覚える!! 高得点のコツ　$y>ax+b$の領域は$y=ax+b$のグラフの上側の領域、$y<ax+b$は下側の領域。

[問題1]次のグラフは

$x=0$

$y=0$

$y=x+1$

$y=-2x+2$

を表している。

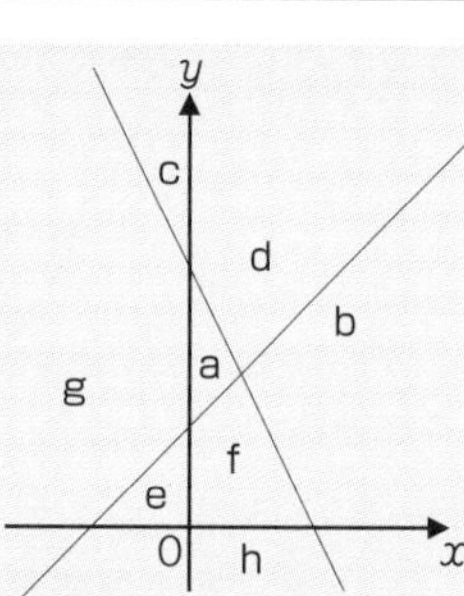

(1)不等式$x>0$、$y>x+1$で表される領域はどれか。

A aとd　B aとf　C aとg　D cとd
E eとf　F bとf　G cとg　H eとg

(2)不等式$x>0$、$y>0$、$y>-2x+2$で表される領域はどれか。

A aとd　B aとf　C aとg　D cとd
E bとd　F cとg　G eとf　H bとf

(3)不等式$x<0$、$y>0$、$y<x+1$で表される領域はどれか。

A a　B b　C c　D d
E e　F f　G g　H h

(4)不等式$x>0$、$y>0$、$y>x+1$、$y<-2x+2$で表される領域はどれか。

A a　B b　C c　D d
E e　F f　G g　H h

[正解と解答のポイント]

問題1

(1)ーA　$x > 0$なので、y軸より右側の領域
$y > x + 1$なので、$y = x + 1$の上側の領域

(2)ーE　$x > 0$なので、y軸より右側の領域
$y > 0$なので、x軸より上側の領域
$y > -2x + 2$なので、$y = -2x + 2$の上側の領域

(3)ーE　$x < 0$なので、y軸より左側の領域
$y > 0$なので、x軸より上側の領域
$y < x + 1$なので、$y = x + 1$の下側の領域

(4)ーA　$x > 0$なので、y軸より右側の領域
$y > 0$なので、x軸より上側の領域
$y > x + 1$なので、$y = x + 1$の上側の領域
$y < -2x + 2$なので、$y = -2x + 2$の下側の領域

CHECK [ここだけは要チェック!]

使う式だけでグラフを書き直す

x＝0は**y軸**に、y＝0は**x軸**にあたる。これを逆だと勘違いしないように注意しよう。
問題を解くとき、例えば4つの式のうち2つか3つしか使わないときは、使わない式をのぞいたグラフを書き直して考えると間違いが減る。

数学系——

領域（グラフ）問題（2）

これだけ覚える!! 高得点のコツ　与えられたグラフの領域を正しく選ぶ。

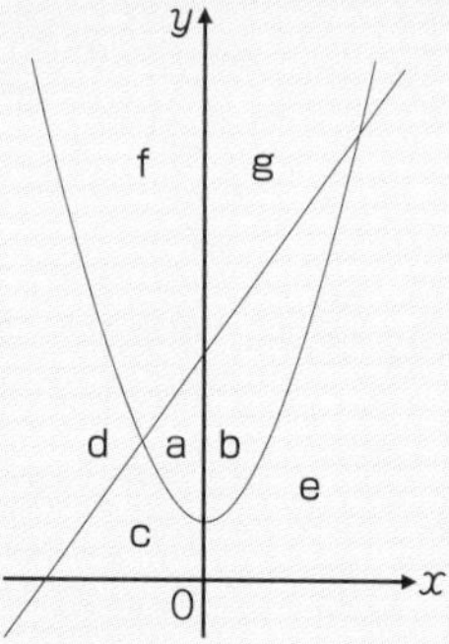

[問題2]次のグラフは

$x=0$

$y=0$

$y=x+3$

$y=x^2+1$

を表している。

不等式$x<0$、$y>0$、

$y<x+3$、

$y>x^2+1$で表される領域はどれか。

A a　B b　C c　D d

E e　F f　G g　H aとb

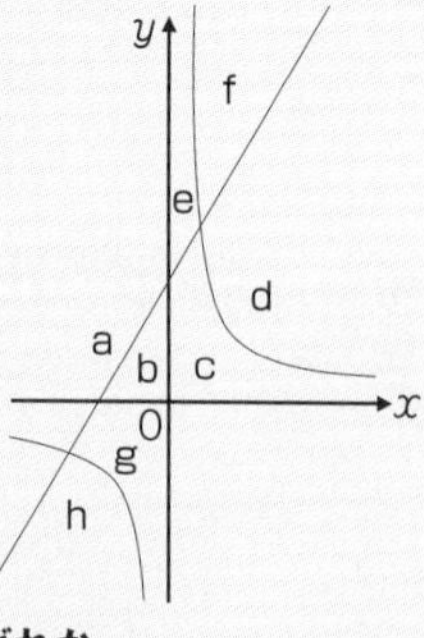

[問題3]次のグラフは

$x=0$

$y=0$

$y=x+2$

$y=\frac{1}{x}$

を表している。

不等式$x>0$、$y>0$、

$y>x+2$、

$y<\frac{1}{x}$で表される領域はどれか。

A a　B b　C c　D d

E e　F f　G g　H h

[正解と解答のポイント]

問題2－A　二次関数のグラフの領域も一次関数と同様に、
$y > x^2$ は $y = x^2$ のグラフの上側の領域
$x < 0$ なので、y 軸より左側の領域
$y > 0$ なので、x 軸より上側の領域
$y < x + 3$ なので、$y = x + 3$ より下側の領域
$y > x^2 + 1$ なので、$y = x^2 + 1$ より上側の領域

問題3－E　反比例のグラフの領域も一次関数と同様に、
$y < \frac{1}{x}$ は $y = \frac{1}{x}$ のグラフの下側の領域
$x > 0$ なので、y 軸より右側の領域
$y > 0$ なので、x 軸より上側の領域
$y > x + 2$ なので、$y = x + 2$ の上側の領域
$y < \frac{1}{x}$ なので、$y = \frac{1}{x}$ の下側の領域

[ここだけは要チェック!]

領域を間違えない

反比例のグラフの領域は $y > \frac{1}{x}$ の場合、a、b、cになる。とくにcを忘れないように注意。

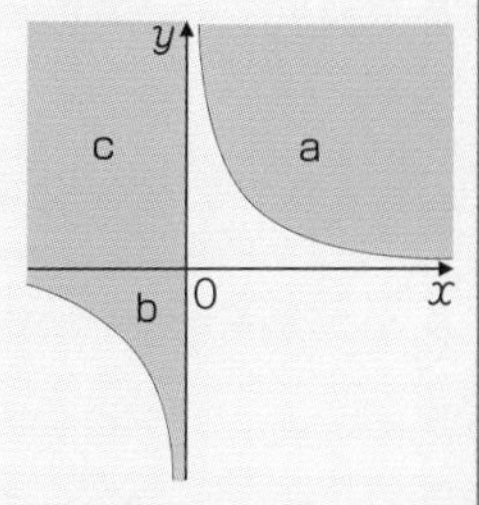

領域（グラフ）問題（3）

これだけ覚える!! 高得点のコツ　各点の座標（x, y）を正しく求める。

［問題4］コピー用紙を、次のような条件でまとめて注文する。

条件1．B4を5箱以上25箱以下にする

条件2．A4を5箱以上15箱以下にする

条件3．B4とA4を合わせて35箱以下にする

条件4．B4をA4より多いか、同数にする

条件1～4をグラフに表すと、下のようになる。

（1）1箱あたりの値段をB4が1000円、A4が800円とするとき、合計金額が最も高くなるのはどの点か。次の中から選べ。

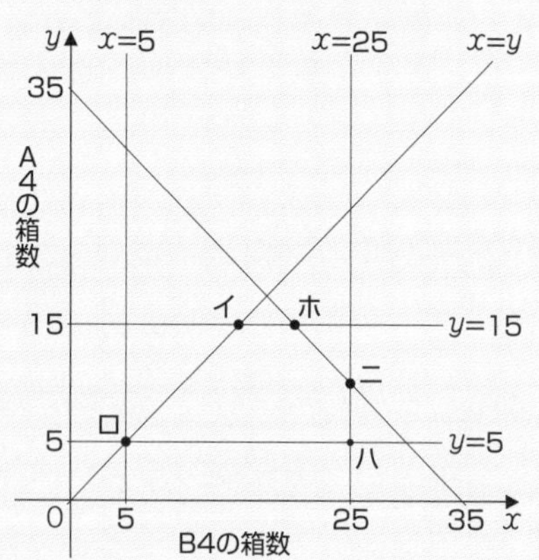

A 点イ　B 点ロ　C 点ハ　D 点ニ　E 点ホ

（2）B4の箱数をA4の箱数の3倍以下にするという条件5を加えたときを表す領域の形を、次の中から選べ。

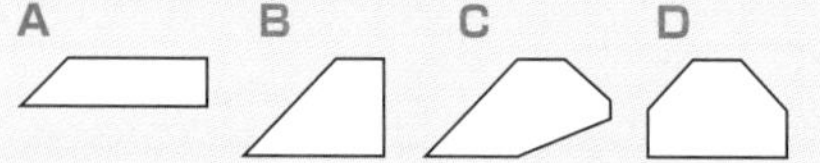

[正解と解答のポイント]

問題4　B４をx、A４をyとして、各条件を図示すると、

条件１：$5 \leqq x \leqq 25$　　条件３：$x + y \leqq 35$

条件２：$5 \leqq y \leqq 15$　　条件４：$x \geqq y$

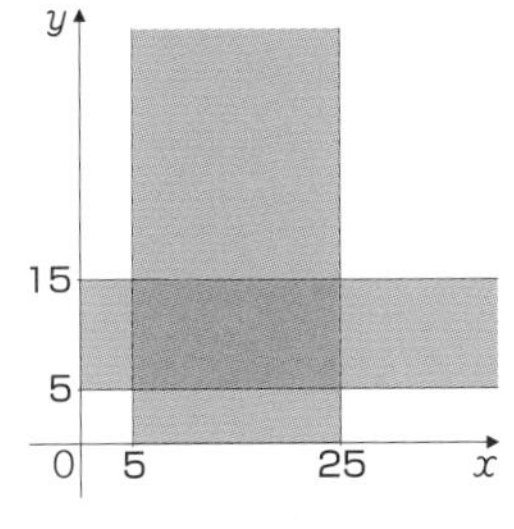

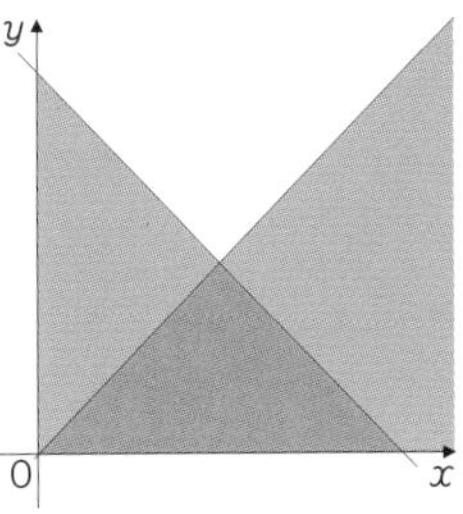

(1)ーD　各点について計算してもよいが、候補を挙げると早い。

各点の座標(x, y)は、点イ(15, 15)、点ロ(５, ５)、点ハ(25, ５)、点ニ(25, 10)、点ホ(20, 15)

点ロのときではないことはひと目でわかる……①

点ニ(25, 10)は、点ハ(25, ５)と比べて、

xは等しく、yが大きいから、点ニ＞点ハ……②

点ホ(20, 15)は、点イ(15, 15)と比べて、

yは等しく、xが大きいから、点ホ＞点イ……③

よって、点ニと点ホを計算して比べればよい。

点ニ：$25 \times 1000 + 10 \times 800 = 33000$

点ホ：$20 \times 1000 + 15 \times 800 = 32000$

(2)ーC　条件５：$x \leqq 3y$

つまり、$y \geqq \frac{1}{3}x$

を加えると、右図のようになる。着色された部分が、条件１～５で表される領域の形である。

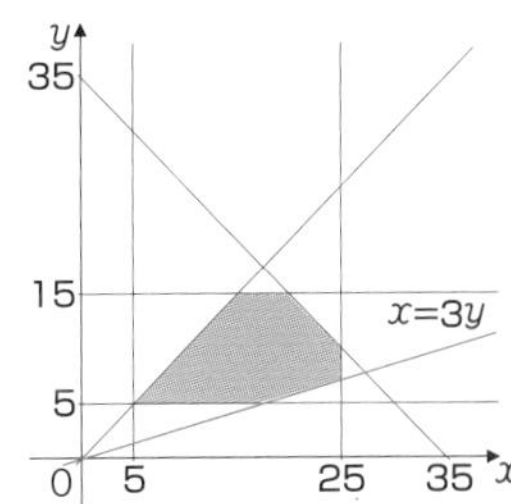

数学系――

12 アルゴリズム

これだけ覚える!! 高得点のコツ　記号の意味を取り違えないように注意し、問題文の手順に従って作業を進めていく。

ある中学校では、テストの平均点によって、生徒のクラス分けを毎回行っていた。平均点が80点以上の生徒はａクラス、60点以上80点未満の生徒はｂクラス、60点未満の生徒はｃクラスに振り分けられた。次の図は、この方式の流れ図である。これより、以下の問いに答えなさい。ただし、平均点をxとする。

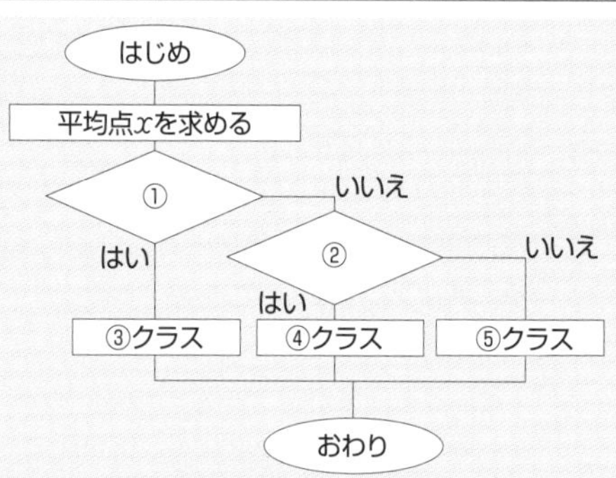

（１）図内の①、②にあてはまるものを選べ。

A ①$x \leqq 100$、②$x < 80$　　B ①$x < 80$、②$x \geqq 60$

C ①$x < 100$、②$x \geqq 80$　　D ①$x \geqq 80$、②$x \geqq 60$

E ①$x \leqq 100$、②$x \geqq 60$　　F ①$x < 100$、②$x < 80$

（２）図内の③、④、⑤にあてはまるものを選べ。

A ③ａ、④ｂ、⑤ｃ　　B ③ａ、④ｃ、⑤ｂ

C ③ｂ、④ａ、⑤ｃ　　D ③ｂ、④ｃ、⑤ａ

E ③ｃ、④ａ、⑤ｂ　　F ③ｃ、④ｂ、⑤ａ

[正解と解答のポイント]

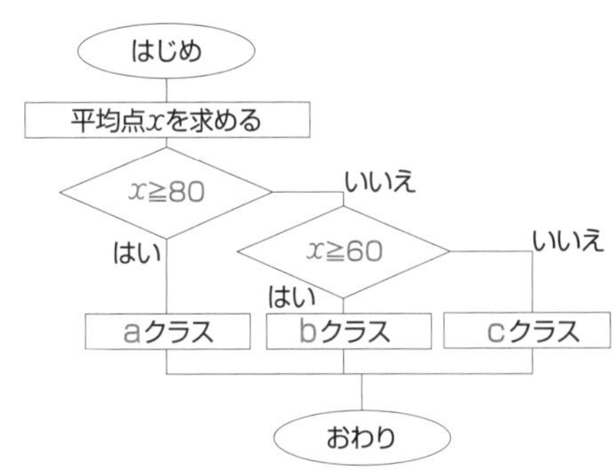

(1)ーD 選択式でなかったとしたら、この問題にはいろいろな答えがある。例えば、最初にcクラスを振り分けるとしたら、①を$x<60$とする。また、最初にbクラスを振り分けるとしたら、①で$x≧60$かつ$x<80$とする。しかし、選択肢の中で考えると、①を$x≧80$として、aクラスから順番に振り分けていくしかないことがわかる。
②では、すでにaクラスは振り分けられていて含まれていないので、$x≧60$だけでbクラスへの振り分けが行われる。

(2)ーA 以上より、明らかである。

CHECK

[ここだけは要チェック!]

記号の意味を混同しない

以上や以下を表す記号は「≧」や「≦」であり、「～より大きい」や「未満」を表す記号は「>」や「<」であるから、混同しないように。

数学系――

図表・資料の読み取り(1)

これだけ覚える!! 高得点のコツ　図表・資料の問題は見方を理解することができれば簡単なものが多い。

Q　ある中学校の3年生150人で修学旅行に行った。2日連続でA博物館、B美術館、C野球場に行くことができ、下表はその人数を示している。また、施設には入場しないこともできる。たとえば、網のかかっている部分の0人は「2日目にはA博物館に入場しているが、1日目にはいずれの施設にも入場していない」生徒の人数を表す。なお、A博物館の入場料は、中学生1人につき700円である。

		1日目				
		A博物館	B美術館	C野球場	入場せず	合計
2日目	A博物館	5人	17人	2人	0人	24人
	B美術館	10人	〔　〕人	8人	2人	36人
	C野球場	4人	13人	56人	4人	77人
	入場せず	1人	2人	8人	2人	13人
	合計	20人	48人	74人	8人	150人

(1)〔　　〕に当てはまる数値を答えよ。

A 7　B 11　C 13　D 14
E 16　F 21　G 24　H いずれでもない

(2) 1日目と2日目、どちらか1日しかA博物館、B美術館、C野球場に入場しなかったのは何人か。

A 6人　B 8人　C 11人　D 13人
E 17人　F 19人　G 21人　H いずれでもない

(3) 1日目、2日目ともにC野球場を訪れた生徒は、全体の何%か。

A 37%　B 41%　C 45%　D 49%
E 51%　F 53%　G 59%　H いずれでもない

(4) A博物館が、修学旅行の２日間でこの中学校の生徒から得た入場料の総額はいくらか。

A 13300円　B 14000円　C 14700円　D 25200円
E 25900円　F 28700円　G 30800円　H いずれでもない

[正解と解答のポイント]

(1)ーE　表より、１日目にB美術館に入場した生徒数を見ると、〔　　〕に当てはまる数値は、48－(17＋13＋２)＝16。なお、２日目にB美術館に入場した生徒数で計算してもよい。

(2)ーE　表より、１日目にどこにも入場せず、2日目にA博物館、B美術館、C野球場に入場した生徒の数は０＋２＋４＝６(人)。１日目にA博物館、B美術館、C野球場に入場し、２日目にどこにも入場しなかった生徒の数は１＋２＋８＝11(人)。したがって、１日目と２日目、どちらか１日しかA博物館、B美術館、C野球場に入場しなかった生徒の数は６＋11＝17(人)。

(3)ーA　表より、１日目、２日目ともにC野球場を訪れた生徒は56人。「割合＝比べられる量÷元にする量」であるから、56÷150＝0.37333…。割り切れない場合は、最も近い数値を選択する。答えは37(％)。

(4)ーG　表より、１日目、２日目にそれぞれA博物館に訪れた生徒数の合計は、20＋24＝44(人)。このうちの５人は２日連続でA博物館を訪れているが、とくに記述がないため、２回分の入場料を支払ったと考える。これより、700×44＝30800(円)。

数学系——

図表・資料の読み取り(2)

これだけ覚える!! 高得点のコツ 計算自体は単純。けた数や小数点、単位を間違えないように注意する。

次の表は、ある映画館での映画P、Q、Rの年齢別の売り上げの割合(単位は%)と総売上額を示したものである。以下の設問に当てはまるものを下の選択肢から選べ(必要ならば小数点以下は四捨五入せよ)。

	29歳以下		30～49歳		50歳以上		総売上額(万円)
	男	女	男	女	男	女	
映画P	17	18	16	24	11	14	500(100%)
映画Q	15	(ア)	7	32	8	(イ)	400(100%)
映画R	22	16	(ア)	20	14	15	600(100%)

(1)表中の(ア)と(イ)に当てはまる値。

(ア)

A 13%　B 15%　C 17%　D 19%
E 23%　F 25%　G 27%　H 29%

(イ)

A 10%　B 13%　C 16%　D 19%
E 22%　F 25%　G 28%　H 31%

(2)全売り上げのうち、30～49歳の男性の売り上げが占める割合。

A 10%　B 12%　C 14%　D 16%
E 18%　F 20%　G 22%　H 24%

(3) 50歳以上の女性について、3本の映画の売り上げのうち、映画Qの売り上げが占める割合。

A 31%	B 32%	C 33%	D 34%
E 35%	F 36%	G 37%	H 38%

[正解と解答のポイント]

(1) 3世代の男女すべて合わせて100%になることを考えればすぐに答えは出る。

(ア)ーA 100－(22＋16＋20＋14＋15)＝100－87＝13

(イ)ーF 100－(15＋13＋7＋32＋8)＝100－75＝25

(2)ーB 30〜49歳の男性の売り上げは、

500×0.16＋400×0.07＋600×0.13

＝80＋28＋78＝186(万円)

これに対し全売り上げは、

500＋400＋600＝1500(万円)

よって、占める割合は、

186÷1500＝0.124

(3)ーH 50歳以上の女性の売り上げは、

500×0.14＋400×0.25＋600×0.15

＝70＋100＋90＝260(万円)

その中で映画Qの売り上げ額は、

400×0.25＝100(万円)

よって、占める割合は、

100÷260＝0.3846……≒0.38

数学系──

図表・資料の読み取り(3)

これだけ覚える!! 高得点のコツ 表の数値から、解説にあるような計算式を作り上げることができれば、すぐに解答できる。

ある工場は取引先イ・ロ・ハの3社に、毎月2種類の製品P・Qを出荷している。次の表Ⅰは製品別出荷数を、表Ⅱは製品別の1台あたりの輸送費を表している。また、製品Pの輸送費の総額が414万円であった。

表Ⅰ：出荷数(台)

	イ社	ロ社	ハ社	計
製品P	□	□	6	25
製品Q	□	□	10	40
計	15	□	16	65

表Ⅱ：1台あたりの輸送費(万円)

	イ社	ロ社	ハ社
製品P	15	16	20
製品Q	□	12	□

(1)製品Pは、イ社には何台出荷されているか。

A 5台　B 6台　C 7台　D 8台
E 9台　F 10台　G 11台　H 12台

(2)製品Qのハ社への1台あたりの輸送費が10万円であったとする。製品Qの輸送費の総額が440万円であったとき、製品Qのイ社への1台あたりの輸送費はいくらか。

A 7万円　B 8万円　C 9万円　D 10万円
E 11万円　F 12万円　G 13万円　H 14万円

(3)イ社への1台あたりの輸送費を2割削減することに成功した。このとき、工場全体の輸送費は40万円削減でき、804万円になった。製品Qのハ社への1台あたりの輸送費はいくらか。

A 5万円　B 6万円　C 7万円　D 8万円
E 9万円　F 10万円　G 11万円　H 12万円

[正解と解答のポイント]

(1)ーF 表Ⅰから、製品Pのイ・ロ社への出荷数の合計は、25－6＝19(台)。また、製品Pのイ・ロ社への輸送費の合計は、総額からハ社の分を引いて、414－6×20＝294(万円)である。製品Pのイ社への出荷数をx、ロ社への出荷数をyとすると、次の式が成り立つ。$x+y=19$…①　$15x+16y=294$…②

①×16－②より、

$$\begin{array}{rl} & 16x+16y=304 \\ -) & 15x+16y=294 \\ \hline & x\qquad\quad =10 \end{array}$$

よって、製品Pのイ社への出荷数は、10台

(2)ーB 表Ⅰから製品Qのイ社への出荷数は15－10＝5(台)、ロ社への出荷数は、40－5－10＝25(台)。また、製品Qのイ社への輸送費は、440－12×25－10×10＝40(万円)。これより、製品Qのイ社への1台あたりの輸送費は、40÷5＝8(万円)

(3)ーD 削減前の製品Qのイ社への輸送費をxとする。イ社への輸送費を2割＝40万円削減できたので、$\underline{15\times0.2\times10}+\underline{x\times0.2\times5}=40$　$x=10$(万円)

2割削減後のイ社への輸送費は、製品Pが15×0.8＝12(万円)、製品Qが10×0.8＝8(万円)

ここで、製品Qのハ社への輸送費をyとすると

$$\underbrace{12\times10+16\times9+20\times6}_{\text{製品Pの輸送費総額}}+\underbrace{8\times5+12\times25+10y}_{\text{製品Qの輸送費総額}}$$

＝804　　これより、$y=8$(万円)

[ここだけは要チェック!]

CHECK

計算式の作り方の一例

例えば、1つの行や列に注目したとき、1つの項目の数値だけがわからない場合は、(合計)－(わかっている項目の数値の和)＝(わからない項目の数値)となる。

数学系——

図表・資料の読み取り(4)

これだけ覚える!! 高得点のコツ　書かれている条件を見誤らないようにする。

次の資料を見て、各問いに答えなさい。

	大人	子ども
当日券	700円	500円
回数券(11回分)	7000円	5000円
年間会員	6000円	4500円

- 入場券には、1回限りの当日券の他に上記のものがある。
- 回数券は11回分で、1年間有効。
- 年間会員は1年間、何度でも鑑賞できる。
- 回数券は1枚ずつだれでも使用できるが、年間会員として映画を観ることができるのは本人のみ

(1)大人4人、子ども12人で入場する際、最も安い入場料で利用すると、総額でいくらになるか。

A 7100円　B 7400円　C 7700円　D 8000円
E 8300円　F 8600円　G 8800円　H 9200円
I 9500円　J A～Iのいずれでもない

(2)大人11人、子ども23人で入場する際、最も安い入場料で利用すると、すべて当日券で入場した場合との差額はいくらになるか。

A 1500円　B 1550円　C 1600円　D 1620円
E 1650円　F 1680円　G 1700円　H 1750円
I 1770円　J A～Iのいずれでもない

(3)両親と子ども2人の4人家族が、年間で両親は7回ずつ、子どもは姉が14回、弟が8回入場する場合、最も安い入場料で利用すると、総額でいくらになるか。

A 15200円　B 15600円　C 16000円　D 16400円
E 16800円　F 17200円　G 17600円　H 18000円
I 18400円　J A～Iのいずれでもない

[正解と解答のポイント]

(1)－E

大人４人なので、当日券４枚購入。700×４＝2800(円)。子ども12人なので、回数券(11回分)＋当日券１枚購入。5000＋500＝5500(円)。 よって合計は、2800＋5500＝8300(円)

(2)－G

大人11人なので、回数券(11回分)購入。7000円。子ども23人なので、回数券(11回分)×２＋当日券１枚購入。
5000×２＋(500×１)＝10500(円)。
合計は、7000＋10500＝17500(円)。
すべて当日券で購入すると、大人11×700＝7700(円)。
子ども23×500＝11500(円)。合計7700＋11500＝19200(円)。
よって差額は、19200－17500＝1700(円)。

(3)－G

年間会員を利用して入場する場合、大人は6000÷700＝8.57…なので、９回以上で当日券より安くなる。子どもは4500円÷500＝９なので、９回では年間会員と当日券が同額で、10回から当日券より安くなる。したがって、年間会員を利用して割安になるのは、年間14回入場する姉のみ。姉の入場料は、子どもの年間会員代で、4500円。弟は年間８回入場するので、当日券での入場が最も安くなる。弟の入場料＝500×８＝4000(円)。ここで、姉と弟で計22回入場するので、回数券を利用した場合の金額5000×２＝10000(円)と比べると、4500＋4000＝8500(円)のほうが安い。両親は２人で年間7回ずつ、計14回入場するので、回数券を用いると最も安くなる。両親の入場料＝回数券(11回分)＋当日券３枚＝7000＋(700×３)＝9100(円)
よって総額は、4500＋4000＋9100＝17600(円)

数学系ー

物の流れと比率

これだけ覚える!! 高得点のコツ 流れを矢印で、数量をX、Yなどの大文字で、比率はa、b、cなどの小文字で表す。

次の矢印を含む図は、ある商品が製造されて出荷されるまでの流れを示している。例えば、業者Xが出荷した商品のうち、aの比率で業者Yに商品が納められることが、以下の図で表されている。

X ―――― a ――――▶ Y

この図を式で表すと、$Y = aX$が成立する。

同様に、業者Xがaの比率で、また業者Yが業者Zを通してそれぞれbとcの比率で商品を業者Wに納めたとする。これを図で表すと以下のようになる。

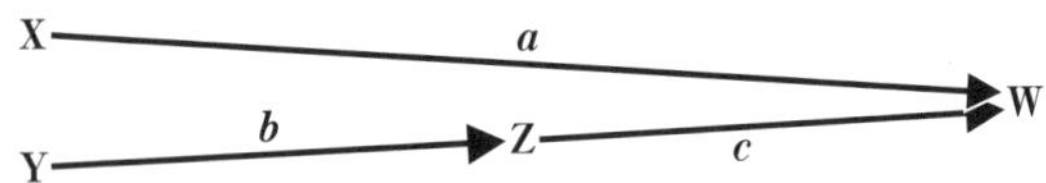

この図から式を考えると、数種類の表し方がある。

$W = aX + cZ = aX + c(bY) = aX + bcY$となる。

以上のことを踏まえ、それぞれ図の関係を表す式を選択肢から選べ。

(1)

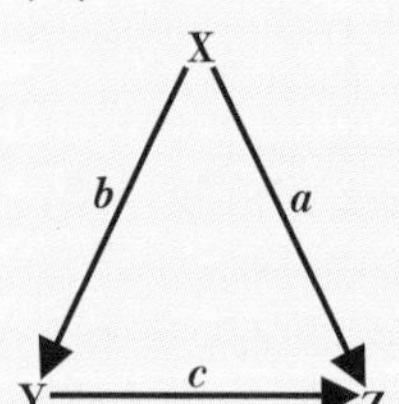

A $Z = bX + cY$

B $Z = abX + cY$

C $Z = aX + bX + cY$

D $Z = abcX$

E $Z = (a + bc)X$

F $Z = (a + b + c)$

(2)

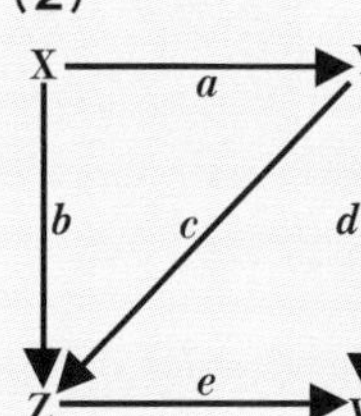

A $W=(a+b)X+dY+(c+e)Z$

B $W=(c+d)Y+eZ$

C $W=beX+(c+d)Y$

D $W=adX+eZ$

E $W=aX+(ce+dY)+eZ$

F $W=(a+b)X+dY+eZ$

[正解と解答のポイント]

XやYなど各文字について表す式を作ると考えやすい。

(1)—E　W、X、Y、Zは「業者」を示すと同時に、そこから出荷された「数量」も表す。

YとZについてそれぞれ考えると、

$Y = bX$ ……①

$Z = aX + cY$ ……②

①を②に代入して、

$Z = aX + cY$

$= aX + c(bX)$

$= aX + bcX = (a + bc)X$

(2)—D　Y、Z、Wについてそれぞれ式を立てると、

$Y = aX$ ……①

$Z = bX + cY$ ……②

$W = dY + eZ$ ……③

③に①を代入すると、

$W = dY + eZ = d(aX) + eZ = adX + eZ$

数学系——

割合の問題

これだけ覚える!! 高得点のコツ 1%が0.01（$=\frac{1}{100}$）であることに着目すると、計算式が立てやすくなる。

ある学校の全校生徒数は、去年は650人であった。今年は男子が４%、女子が５%減り、全体で29人減った。今年の男子生徒数・女子生徒数はそれぞれ何人か。

？考え方！

去年の男子生徒数・女子生徒数をそれぞれx人、y人とする。

すると、 $x+y=650$…①

$0.04x+0.05y=29$…②　が成り立つ。

②×100－①×４から、

$$
\begin{array}{r}
4x+5y=2900 \\
-)\ 4x+4y=2600 \\
\hline
y=300
\end{array}
$$

①から　$x+300=650$　$x=350$

よって今年の男子生徒数は　350×0.96＝336人

女子生徒数は　300×0.95＝285人

[問題] ２種類の製品ａ、ｂを生産している工場がある。去年は合計1800個生産したが、今年はａを25%、ｂを50%増産した。結果、ａは全体の生産数の40%を占めることになった。ｂの今年の生産個数はいくらか。

A ０個　B 800個　C 1000個　D 1200個

E 1250個　F 1500個　G 1600個　H 1800個

[正解と解答のポイント]

問題ーF　去年のａ、ｂの生産個数をそれぞれx個、y個とすると、去年は合計1800個生産したので、

$x+y=1800$…… ①

今年のａ、ｂの生産個数はそれぞれ$1.25x$個、$1.5y$個。全体の生産個数$(1.25x+1.5y)$個の40％が$1.25x$個だから、

$(1.25x+1.5y)\times0.4=1.25x$…… ②

が成り立つ。

②より、$0.5x+0.6y=1.25x$

$0.6y=0.75x$

$0.8y=x$

これを①に当てはめると、

$0.8y+y=1800$

$1.8y=1800$

$y=1000$(去年のｂの生産個数)

よって、今年のｂの生産個数は、

$1.5y=1.5\times1000=1500$個

[ここだけは要チェック!]

確認をしっかり行う

一度の計算で終わりにせず、検算をしっかり行うことが大事。また、この設問では、去年の数字をx、yとして計算式を立てたが、問われているのは今年の数字。間違えないように気をつけたいところだ。

数学系──

推　論（1）

これだけ覚える!! 高得点のコツ

問題文に書かれている情報と問われる推論を書き出すことで、考え方の道筋が見えてくる。下記の問題を解いて、条件を書き出すコツを覚えよう！

ある会社には資格甲・乙・丙それぞれの取得者が合わせて12人いる。3資格の取得者数について次のことがわかっている。

① 3資格とも、最低1人は取得者がいる

② 甲の取得者数は、乙の取得者数より多い

（1）次の推論ア～ウのうち、必ず正しいと言えるものはどれか。

ア：丙の取得者数が8人のとき、甲は3人である

イ：甲と丙の取得者数が同じとき、甲は5人である

ウ：乙の取得者数が丙の取得者数より多いとき、丙は1人である

A アだけ　　B イだけ　　C ウだけ

D アとイだけ　　E イとウだけ　　F アとウだけ

G アとイとウ　　H 正しい推論はない

（2）次の推論カ～クのうち、必ず正しいと言えるものはどれか。

カ：乙と丙の取得者数が同じとき、甲は6人以上である

キ：甲・乙・丙の取得者数が偶数のとき、丙は2人である

ク：甲の取得者数が丙の3倍のとき、乙は4人である

A カだけ　　B キだけ　　C クだけ

D カとキだけ　　E キとクだけ　　F カとクだけ

G カとキとク　　H 正しい推論はない

[正解と解答のポイント]

(1)ーD

ア～ウの推論を1つずつ確かめていく

ア：丙の取得者数が8人なので、甲と乙の合計が4人となる。このとき与えられている①、②より甲は乙より取得者数が多く、最低でも乙の取得者は1人いなければならないので、甲の人数は3人となる。よって、アは正しい

イ：甲と丙の取得者数が同じなので、①より、(甲、乙、丙)＝(1、10、1)、(2、8、2)、(3、6、3)、(4、4、4)、(5、2、5)となる。このとき②より、甲＞乙でなければならないので、甲・乙・丙の組み合わせは(甲、乙、丙)＝(5、2、5)のみとなり、甲の人数は5人となる。よって、イは正しい

ウ：与えられた推論を確かめるために、丙が2人以上のときに条件を満たすかどうかを調べる。丙が2人のとき、乙が丙より多ければよいので、乙を3人とすると、甲が7人となり、これは①、②の条件を満たしている。よって、ウは必ず正しいとは言えない

(2)ーF

(1)と同様に1つずつ確かめていく

カ：乙と丙の取得者数が同じなので、①より、(甲、乙、丙)＝(10、1、1)、(8、2、2)、(6、3、3)、(4、4、4)、(2、5、5)となる。このとき②より、甲＞乙でなければならないので、甲・乙・丙の組み合わせは(甲、乙、丙)＝(10、1、1)、(8、2、2)、(6、3、3)の3つとなり、甲の人数は6人以上である。よって、カは正しい

キ：丙が4人のときに条件を満たすかどうかを考える。丙が4人のとき、残りの8人を偶数人で分けるとすると、(6、2)、(4、4)とすることができる。②より(甲、乙)＝(6、2)となり、丙が4人のときでも甲・乙・丙の取得者数は偶数人数となる。よって、キは必ず正しいとは言えない

ク：与えられた推論を満たす甲と丙の取得者数は①、②より(甲、丙)＝(6、2)だけとなり、乙は4人となる。よって、クは正しい

推　論(2)

これだけ覚える!! 高得点のコツ 確実に「適・不適」がわかっているものから除外していく方法が、いちばんの早道。

ア、イ、ウ、エ、オは毎年、５人で水泳大会を行い、順位を競う。同着はないものとする。今年の水泳大会の結果について次のことがわかっている。

① アの順位はイの順位より２つ上である
② ウは最下位ではない
③ ウとエはほぼ同時にゴールし、そのとき、他の人は近くにいなかった

(１)次のうち、確実に言えることはどれか。

A オは１位または５位である　　B エは１位または２位である
C アは１位または３位である　　D ウは１位または４位である
E イは最下位である

さらに、去年の大会の結果を照らし合わせたところ、次のことがわかった。

④ オは去年より順位を上げた
⑤ 去年と同じ順位の人はいなかった
⑥ 去年エはイに１位差で敗れたが、今年は勝利を収めた
⑦ ウは去年４位だった

(２)ウは、今年何位か。

A １位　B ２位　C ３位　D ４位
E ５位　F これだけでは決まらない

(3)アは、去年何位か。

A 1位　　B 2位　　C 3位　　D 4位
E 5位　　F これだけでは決まらない

[正解と解答のポイント]

(1)－C　あり得る今年の順位を、①～③の条件どおりにア～オを並べて考える。①から、考えられる並び方は

1．ア、○、イ、○、○
2．○、ア、○、イ、○
3．○、○、ア、○、イ

であるが、③より、ウとエは隣り合っていなければならない。よって、2は不適。
②も考慮すると、可能な並び方は

ア、オ、イ、ウ、エ
ウ、エ、ア、オ、イ
エ、ウ、ア、オ、イ

である。よって、アは1位または3位である

(2)－F　⑥より、今年の順位は

ウ、エ、ア、オ、イ
エ、ウ、ア、オ、イ

のどちらかだが、ウの確実な順位まではわからない

(3)－A　④より、オは去年最下位であることがわかる。⑥、⑦も考慮すると、去年について考えられる並びは

ア、イ、エ、ウ、オ
イ、エ、ア、ウ、オ

であるが、⑤よりアが3位にくることはないので、去年は、ア、イ、エ、ウ、オであったことがわかる。

数学系——

推　論(3)

これだけ覚える!! 高得点のコツ　設問の最初に与えられた条件から、可能性のある組み合わせをすべて書き出してみよう。

a、b、c、d、eの5人はそれぞれ本屋で買い物をした。このとき、次のことがわかっている。

① 買った本の数は同じでなく、1冊～5冊までばらつきがあった
② bとcが買った冊数の和とdとeが買った冊数の和は等しい
③ 一番多く本を購入したのはcである

(1)①～③の情報から、必ず正しいと言えるものはどれか。

ア：購入した冊数が一番少ないのはbである
イ：購入代金が一番高かったのはcである
ウ：aが購入した本の冊数は奇数である

A アだけ　B イだけ　C ウだけ
D アとイだけ　E イとウだけ　F アとウだけ
G アとイとウ　H 正しい推論はない

(2)それぞれが購入した本の冊数が決まるには、次のうち最低限どれがわかればよいか。

エ：aよりもeのほうが、購入した本の冊数は多い
オ：eよりもdのほうが、購入した本の冊数は少ない
カ：aよりもbのほうが、購入した本の冊数は多い

A エだけ　B オだけ　C カだけ
D エとオだけ　E オとカだけ　F エとカだけ
G エとオとカ　H 正しい推論はない

[正解と解答のポイント]

(1)ーC　①と③より、ｃの購入冊数は５冊。このとき②の条件を満たすｂ、ｄ、ｅの購入冊数の組み合わせは、(b,d,e)＝(1,2,4)(1,4,2)(2,3,4)(2,4,3)。
よって、考えられる５人の購入冊数の組み合わせは、
(a,b,c,d,e)＝(1,2,5,3,4)…❶
(1,2,5,4,3)…❷
(3,1,5,2,4)…❸
(3,1,5,4,2)…❹　である。
これより、各選択肢を検証すると、
ア：❶と❷はこれを満たさない。
イ：購入冊数が多かったとしても、ｃ以外が高額な本を購入していては成立しない。
ウ：ａの購入冊数は１冊か３冊なので、正しい。

(2)ーE　上で、❶〜❹の購入冊数の組み合わせ候補を出した。この候補にエ〜カの条件を加えた場合を検証していく。まずエを条件に加えると、❶、❷、❸が残る。これにオを加えると、❶と❸が残る。
また、エのほかにカも条件に加えると、❶と❷が残る。
次に、①〜③のほかにオを条件に加えると、❶と❸が残る。これにカを加えると、❶のみが残る。
最後に、①〜③のほかにカを条件に加えると、❶と❷が残る。
以上より、オとカが条件に加われば、購入冊数の組み合わせは、❶に限定することができる。

推　論(4)

これだけ覚える!! 高得点のコツ　それぞれの推論から「わかること」を挙げる。「必ずしも～とは言えない」場合に要注意。

［問題１］　ある大学の入学者の出身地について次の情報がある。なお、①～③の情報は必ずしも正しいとは限らない。

① 青森県と山形県からそれぞれ４名入学した
② 少なくとも東北地方の４県から入学した
③ 東北地方からは少なくとも４名入学した

次のうち、正しいと言えるのはどれか。

ア ①が正しければ、②も必ず正しい
イ ②が正しければ、③も必ず正しい
ウ ③が正しければ、①も必ず正しい

A ア　B イ　C ウ　D アとイ　E イとウ
F アとウ　G すべて正しい　H 正しい推論はない

［問題２］　Mは４人兄弟姉妹の４番目で女性である。この兄弟姉妹について、下記の３つの情報がある。

P Mは三女ではない
Q Mには兄が２人いる
R この兄弟姉妹の３番目は次男である

なお、これらの情報は必ずしも正しいとは限らない。

(1)次の推論のうち、正しいものはどれか。

ア Pが正しければ、Qは必ず正しい
イ Qが正しければ、Rは必ず正しい
ウ Rが正しければ、Pは必ず正しい

A アだけ　B イだけ　C ウだけ　D アとイ　E イとウ
F アとウ　G すべて正しい　H 正しい推論はない

(2)次の推論のうち、正しいものはどれか。

カ Pが正しければ、Rは必ず正しい
キ Rが正しければ、Qは必ず正しい
ク Qが正しければ、Pは必ず正しい

A カだけ　B キだけ　C クだけ　D カとキ　E キとク
F カとク　G すべて正しい　H 正しい推論はない

[正解と解答のポイント]

問題1－B

ア：青森県と山形県以外の県の入学者はわからない。よって、「①⇒②」は✕
イ：4県から1名ずつは入学者がいるので、最低でも東北地方からは4名の入学者がいることがわかる。よって、「②⇒③」は○
ウ：青森県や山形県以外からの入学者の場合もある。よって、「③⇒①」は✕

問題2(1)－C

P：Mは4番目で三女ではないので、姉は0人か1人(女性は1人か2人)
Q：Mの他に兄が2人ということは、残り1人は姉
R：○・○・次男・Mなので、男は2人。「長男・姉・次男・M」か「姉・長男・次男・M」のいずれか
ア：Pが正しい場合、女性がMだけのときに、Qは正しくない
イ：Qが正しい場合、順番不明なので、Rは必ずしも正しいとは言えない
ウ：Rが正しい場合、「長男・姉・次男・M」でも「姉・長男・次男・M」でも、Pは正しい

問題2(2)－E

カ：Pが正しい場合、女性がMだけのときに、Rは正しくない
キ：Rが正しい場合、いずれの順番でも、Qは正しい
ク：Qが正しい場合、Mの上は兄2人姉1人なので、Pは正しい

数学系──

推　論(5)

これだけ覚える!! 高得点のコツ　他の推論と同じように、与えられた条件を整理できれば問題ない。表にまとめるときは複雑にならないように気をつけよう。

a、b、c、d、eの5人が、アパートの各部屋に1人ずつ住んでいる。アパートは以下のような2階建てである。

201	202	203
101	102	103

このとき、次のことがわかっている。

- 102は空き部屋である
- bの部屋の真下にはeが住んでいる
- cとdの部屋は隣どうしである

(1)次のうち、必ず正しいと言えるものはどれか。

ア　aの部屋は101である

イ　cの部屋は201か202である

ウ　eの隣は空き部屋である

A　アだけ　　B　イだけ　　C　ウだけ

D　アとイだけ　　E　イとウだけ　　F　アとウだけ

G　すべて正しい

(2)新たに次のことがわかった。

- **bの隣の部屋はdである**

このとき、確実に正しいと言えるものはどれか。

A　aの部屋は103　　B　bの部屋は203　　C　cの部屋は201

D　dの部屋は202　　E　eの部屋は101　　F　すべて正しい

[正解と解答のポイント]

(1)ーC

与えられた条件を図示すると、

b	cかd	dかc
e	空き部屋	a

か

cかd	dかc	b
a	空き部屋	e

のようになる。

問題の条件と照らし合わせると、

ア：aの部屋は101か103であるため、必ず正しいとは言えない

イ：cの部屋は201か202か203であるため、必ず正しいとは言えない

ウ：eの部屋の隣はどんな場合も空き部屋であるので、正しい

よって正解は、Cのウだけ

(2)ーD

与えられた条件から上記の図が

b	d	c
e	空き部屋	a

か

c	d	b
a	空き部屋	e

のようになる。

このとき、

aとeの部屋は101か103のどちらかで、確定はしていない

⇒ AとEは、確実に正しいとは言えない

bとcの部屋は201か203のどちらかで、確定はしていない

⇒ BとCは、確実に正しいとは言えない

dの部屋は202である ⇒ 確実に正しいと言える

よって正解は、Dのdの部屋は202

推　論(6)

これだけ覚える!! 高得点のコツ　到着の順番は、与えられた条件を線分図に表して考える。

P、Q、R、Sは午前10時に待ち合わせをしていた。QはPより6分遅く、Rより8分早く待ち合わせ場所に着き、SはPの次に待ち合わせ場所に着いた。またSが待ち合わせ場所に着いたのは午前9時54分である。なお、同じ時刻に到着した者はいなかった。

(1)次の推論ア、イの正誤を判断して、正しいものを1つ選べ。

ア　午前9時50分には待ち合わせ場所に人がいた

イ　遅刻した人間は1人である

A　アもイも正しい
B　アは正しいが、イはどちらとも言えない
C　アは正しいが、イは誤り
D　アはどちらとも言えないが、イは正しい
E　アもイもどちらとも言えない
F　アはどちらとも言えないが、イは誤り
G　アは誤りだが、イは正しい
H　アは誤りだが、イはどちらとも言えない
I　アもイも誤り

(2)SはPより4分遅れて待ち合わせ場所に到着した。このとき、次の推論カ、キの正誤を判断して、正しいものを1つ選べ。

カ　Qは待ち合わせ時間の4分前に到着した

キ　SはRよりも9分早く待ち合わせ場所に到着した

A　カもキも正しい
B　カは正しいが、キはどちらとも言えない
C　カは正しいが、キは誤り
D　カはどちらとも言えないが、キは正しい

E カもキもどちらとも言えない

F カはどちらとも言えないが、キは誤り

G カは誤りだが、キは正しい

H カは誤りだが、キはどちらとも言えない

I カもキも誤り

[正解と解答のポイント]

(1)ーD 与えられた条件を図にしてみると、

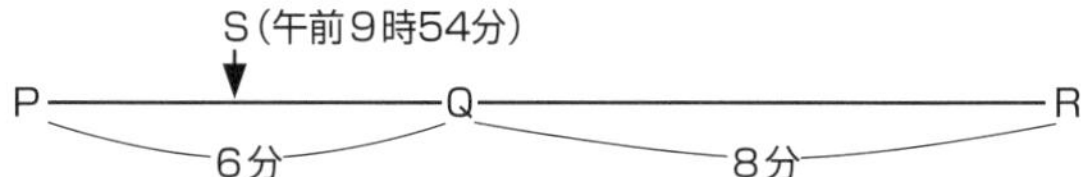

となる。このとき、アとイについて考えると、

ア：Pが午前9時50分までに到着していたかどうかはわからないので、どちらとも言えない

イ：Pは遅くとも午前9時54分より前に待ち合わせ場所に着いているので、Qの待ち合わせ場所到着は、Sの到着時間より後の午前9時55分～59分である。Rの到着はQの到着より8分後のため、待ち合わせ場所への到着は確実に午前10時以降となる。したがって、遅刻しているのは1人、Rのみ

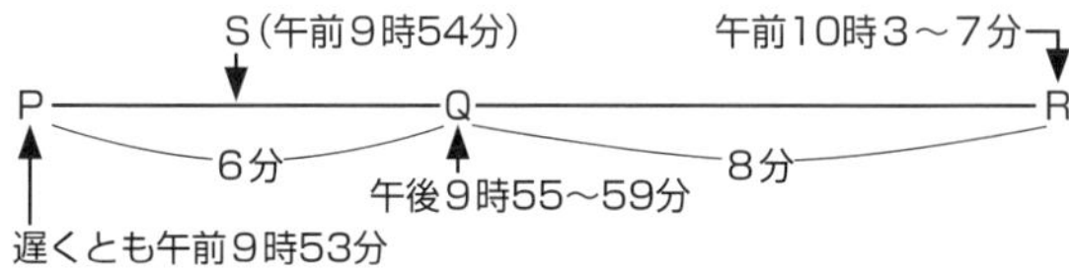

よって正解は、D

(2)ーC 与えられた条件より、Sの到着時間は午前9時54分。Pの到着時間は「Sより4分早い」ので、午前9時50分。

Qの到着時間は「Pより6分遅い」ので、午前9時56分。

Rの到着時間は「Qより8分遅い」ので午前10時4分。

ここでカとキを検証する。Qは午前10時の4分前に到着しているので、カは正しい。SはRより10分早く到着しているので、キは誤り よって正解は、C

推論(7)

これだけ覚える!! 高得点のコツ　与えられた条件から考えられる場合を書き出していこう。根気よくやっていけば、答えは出る。

1、3、5、7、9の5枚のカードがある。今、PとQの2人がこれらのカードを2枚ずつ選び、P、Qがそれぞれ2桁の整数を作る。ただし、同じカードを二度使うことはできないものとする。

(1)Pが1と3、Qが5と7の2枚のカードを選んで2桁の整数を作った。このとき、次の推論ア、イの正誤を判断して、正しいものを1つ選べ。

ア Qが作った2桁の整数は3の倍数である

イ Qが作った2桁の整数の値は、Pが作った整数の値の2倍以上である

A アもイも正しい
B アは正しいが、イはどちらとも言えない
C アは正しいが、イは誤り
D アはどちらとも言えないが、イは正しい
E アもイもどちらとも言えない
F アはどちらとも言えないが、イは誤り
G アは誤りだが、イは正しい
H アは誤りだが、イはどちらとも言えない
I アもイも誤り

(2)次の推論カ、キの正誤を判断して、正しいものを1つ選べ。

カ Pが3と7を選んで2桁の整数を作ったとき、Qが作ることができる2桁の整数は5の倍数である

キ Pが1と9を選んで2桁の整数を作ったとき、Qが作った整数の最大値とPが作った整数の最小値の差は、Pが作った整数の最大値とQが作った整数の最小値の差と等しい。

A カもキも正しい
B カは正しいが、キはどちらとも言えない
C カは正しいが、キは誤り
D カはどちらとも言えないが、キは正しい
E カもキもどちらとも言えない
F カはどちらとも言えないが、キは誤り
G カは誤りだが、キは正しい
H カは誤りだが、キはどちらとも言えない
I カもキも誤り

[正解と解答のポイント]

(1)ーB　アとイをそれぞれ確かめる。

ア：Qが作れる整数は57と75で、どちらも３の倍数なので、正しい

イ：Pが作れる整数は13と31。Pの整数が13でQの整数が57と75のときはどちらも２倍以上。Pの整数が31でQの整数が75のときも２倍以上。しかし、Pの整数が31でQの整数が57のときは２倍以上ではないので、どちらとも言えない

よって正解は、B

(2)ーD　(1)と同様に、カとキをそれぞれ確かめる。

カ：Qに残されているのは、1、5、9のカードである。したがって、作ることができる整数は(15、19、51、59、91、95)の６つである。この中で、15と95は５の倍数だが、他は５の倍数ではないので、カはどちらとも言えない

キ：Pが作れる整数は19と91で、最大値は91、最小値は19である。Qが作れる整数は35、37、53、57、73、75で、最大値は75、最小値は35である。Qの最大値とPの最小値の差は、75－19＝56、Pの最大値とQの最小値の差は、91－35＝56なので、キは正しい

よって正解は、D

推　論(8)

これだけ覚える!! 高得点のコツ　考えられる場合をもれなく書き出していくことで、答えを導く。

3、4、5、6kgのコメがそれぞれ2袋ずつあり、P、Q、R、Sの4人で2袋ずつ運ぶ。このとき、以下のことがわかっている。

① Sが運んだコメの合計は11kgである
② Pが運んだコメの合計は他の3人が運んだコメの各自の合計よりも軽い

(1)次のうち、必ず正しいと言えるものはどれか。

ア：Pが運んだコメの合計は8kgではない
イ：Qが運んだコメの合計は10kgである
ウ：Rが運んだコメの合計は9kgである

A アのみ　　B イのみ　　C ウのみ　　D アとイ
E アとウ　　F イとウ　　G アとイとウのすべて

(2)最も少ない情報で4人が運んだコメを確定するには、①②のほか、次のカ、キ、クのうちどれがわかればよいか。

カ：Pが運んだコメは2つとも同じ重さである
キ：Qが運んだコメは2つが異なる重さである
ク：Rが運んだコメの合計は10kgである

A カのみ　　B キのみ　　C クのみ　　D カとキ
E カとク　　F キとク　　G カとキとクのすべて

[正解と解答のポイント]

(1)ーA

①から、Sは5＋6＝11kg。残りは3kgと4kgが2袋ずつ、5kgと6kgが1袋ずつ。このときに考えられるすべての組み合わせは、3＋3＝6kg、3＋4＝7kg、3＋5＝8kg、3＋6＝9kg、4＋4＝8kg、4＋5＝9kg、4＋6＝10kg、5＋6＝11kg。ここで、アを考える。「Pが運んだコメの合計は8kgである」の可能性がなければ、アは必ず正しいことになる。Pが8kgとなるのは、3＋5か4＋4の2通り。P＝3＋5の場合、残りの組み合わせは「3＋6、4＋4」か「3＋4、4＋6」で、どちらも8kg以下を含むため、②が成立しない。P＝4＋4の場合、残りの組み合わせは「3＋3、5＋6」か「3＋5、3＋6」で、どちらも8kg以下を含むため、②が成立しない。したがって、「Pが運んだコメの合計は8kgである」の可能性はないため、アは必ず正しい。また、①と②から、Pは3＋3＝6kgか3＋4＝7kgのどちらかだが、QとRを確定できないため、イとウは必ず正しいとは言えない。

(2)ーE

①②とカ、キ、クを考える。(1)から、Pは3＋3＝6kgか3＋4＝7kgのどちらかで、Pが8kgはあり得ない。カを考えると、P＝3＋3＝6kgが確定する。QとRは8kg、9kg、10kg、11kgのいずれかだが、これだけでは、QとRを確定できない。キを考えると、Qは3＋5＝8kg、3＋6＝9kg、4＋5＝9kg、4＋6＝10kg、5＋6＝11kgのいずれかだが、それ以上確定できない。クを考えると、R＝4＋6＝10kgは確定するが、PとQを確定できない。カとキを考えると、Pが3＋3＝6kgで確定し、Qは4＋5＝9kg、4＋6＝10kg、5＋6＝11kgのいずれかとなるが、それ以上確定できない。カとクを考えると、Pが6kg、Rは4＋6＝10kgで確定し、Qも4＋5＝9kgで確定する。したがって、カとクがわかればよい。ちなみに、キとクを考えると、Pは3＋3＝6kgか3＋4＝7kgのどちらかだが確定できない。Rは4＋6＝10kgで確定するが、Qは3＋5＝8kgか4＋5＝9kgのどちらかだが確定できない。

推　論(9)

これだけ覚える!! 高得点のコツ

小問(2)「2つの条件が正しければ、残りも必ず正しい」は、推論(1)〜(8)ではなかった設定。考えられる場合を注意して書き出していく。

ある人が同じ週内に掛け持ちで行ったコンビニエンスストアとスーパーのアルバイトについて、以下の情報がある。なお、これらの情報は必ずしも正しいとは限らない。

① 少なくとも週に2回以上アルバイトを行った。

② コンビニエンスストアのアルバイトとスーパーのアルバイトは異なる曜日に行った。

③ 月曜日はコンビニエンスストアの、金曜日はスーパーのアルバイトを行った。

(1)次の推論ア、イ、ウのうち、正しいものはどれか。

ア：②が正しければ、①も必ず正しい
イ：③が正しければ、①も必ず正しい
ウ：①が正しければ、②も必ず正しい

A アのみ　　B イのみ　　C ウのみ
D アとイ　　E アとウ　　F イとウ
G すべて正しい　　H 正しい推論はない

(2)次の推論カ、キ、クのうち、正しいものはどれか。

カ：③と①が正しければ、②も必ず正しい
キ：①と②が正しければ、③も必ず正しい
ク：②と③が正しければ、①も必ず正しい

A カのみ　B キのみ　C クのみ
D カとキ　E カとク　F キとク
G すべて正しい　H 正しい推論はない

[正解と解答のポイント]

(1)ーD コンビニエンスストアとスーパーのアルバイトを同じ週内の異なる曜日に行ったということは、少なくとも週に2回はアルバイトを行ったため、アは正しい。月曜日はコンビニエンスストア、金曜日はスーパーのアルバイトを行ったということは、少なくとも週に2回はアルバイトを行ったため、イは正しい。少なくとも週に2回以上アルバイトを行ったということは、例えば同じ月曜日の異なる時間帯にコンビニエンスストアとスーパーのアルバイトを行った可能性があるので、ウは必ず正しいとは言えない。

(2)ーC カ：③と①の条件ではコンビニエンスストアとスーパーのアルバイトを同じ曜日に行う可能性を否定できないので、②は必ず正しいとは言えない。

キ：①と②の条件では特定の曜日にアルバイトを行ったことを導けないため、③は必ず正しいとは言えない。

ク：②からも③からも少なくとも週に2回以上アルバイトを行ったことがわかるため、①は必ず正しい。

数学系──

推論(10)

これだけ覚える!! 高得点のコツ 情報を図示すると、推論が正しいのか正しくないのかを判断しやすくなる。

ある二桁の正の整数について、次のような情報が得られた。

① 2の倍数である

② 4で割り切れる

③ 3で割ると1余る

以上の情報はすべて正しいとは限らない。そこで種々の推論がなされた。次の各問いに答えなさい。

(1)次の推論ア、イ、ウのうち、正しいものはどれか。

ア：①が正しければ、②も必ず正しい

イ：②が正しければ、③も必ず正しい

ウ：③が正しければ、①も必ず正しい

A アのみ　B イのみ　C ウのみ

D アとイ　E アとウ　F イとウ

G すべて正しい　H 正しい推論はない

(2)次の推論カ、キ、クのうち、正しいものはどれか。

カ：①が正しければ、③も必ず正しい

キ：②が正しければ、①も必ず正しい

ク：③が正しければ、②も必ず正しい

A カのみ　B キのみ　C クのみ

D カとキ　E カとク　F キとク

G すべて正しい　H 正しい推論はない

[正解と解答のポイント]

①2の倍数である　②4で割り切れる　③3で割ると1余る

という情報を図示する。

①	2	4	6		8	10	12		14	16	18		20	22	24		26	28…
②		4			8		12			16			20		24			28…
③		4		7		10		13		16		19		22		25		28…
						2桁の正の整数→												

(1)ーH　(1)を検証する。

ア：①が正しければ、②も必ず正しい ⇒ 12や16などでは①ならば②と言えるが、10や14などでは①ならば②と言えない ⇒ 必ずしも正しいとは言えない

イ：②が正しければ、③も必ず正しい ⇒ 16や28などでは②ならば③と言えるが、12や20などでは②ならば③と言えない ⇒ 必ずしも正しいとは言えない

ウ：③が正しければ、①も必ず正しい ⇒ 10や16などでは③ならば①と言えるが、13や19などでは③ならば①と言えない ⇒ 必ずしも正しいとは言えない

したがって、正しい推論はア、イ、ウの中にない。

(2)ーB　(2)を検証する。

カ：①が正しければ、③も必ず正しい ⇒ 10や16などでは①ならば③と言えるが、12や14などでは①ならば③と言えない ⇒ 必ずしも正しいとは言えない

キ：②が正しければ、①も必ず正しい ⇒ 12や16、20、24など、②ならば必ず①になる(4 = 2 × 2なので必ず2の倍数) ⇒ 必ず正しいと言える

ク：③が正しければ、②も必ず正しい ⇒ 16や28などでは③ならば②と言えるが、10や13などでは③ならば②と言えない ⇒ 必ずしも正しいとは言えない

したがって、正しい推論は、キだけ。

数学系――

推　論(11)

これだけ覚える!!高得点のコツ　他の推論と同様、与えられた条件(ここでは3人の勝敗)を整理する。

P、Q、Rの3人でじゃんけんをしたところ、1・2回目は勝敗がつかず、3回目でPがチョキを出して一人勝ちした。このとき、以下のことがわかっている。

Ⅰ：Qは3回とも違う手を出した

Ⅱ：Rは1回目だけ違う手を出した

(1)次の推論ア、イの正誤を判断して、正しいものを1つ選べ。

ア：1回目で誰かがチョキを出した

イ：1回目で誰かがグーを出した

A アもイも正しい

B アは正しいが、イはどちらとも言えない

C アは正しいが、イは誤り

D アはどちらとも言えないが、イは正しい

E アもイもどちらとも言えない

F アはどちらとも言えないが、イは誤り

G アは誤りだが、イは正しい

H アは誤りだが、イはどちらとも言えない

I アもイも誤り

(2)次の推論カ、キの正誤を判断して、正しいものを1つ選べ。

カ：3回とも誰かがグーを出した

キ：3回とも誰かがパーを出した

A カもキも正しい
B カは正しいが、キはどちらとも言えない
C カは正しいが、キは誤り
D カはどちらとも言えないが、キは正しい
E カもキもどちらとも言えない
F カはどちらとも言えないが、キは誤り
G カは誤りだが、キは正しい
H カは誤りだが、キはどちらとも言えない
I カもキも誤り

[正解と解答のポイント]

(1)ーE 問題文から、3回目のじゃんけんの結果は、「Pはチョキ、Qがパー、Rがパー」である。また、Ⅱの条件から、Rの2回目の手もパーである。これらを整理すると、下の表1の▒▒部分のようになる。1回目があいこになるためには、全員がグーかチョキを出すか、全員が違う手を出す場合なので、アはどちらとも言えない。同様に、イもどちらとも言えない。したがって、答えはE。

表1

	P	Q	R
1回目	グーorチョキorパー	グーorチョキ	グーorチョキ
2回目	グーorチョキ	グーorチョキ	パー
3回目	チョキ	パー	パー

(2)ーH 表1より、3回目は誰もグーを出していないので、カは誤り。また、1回目は全員がグーかチョキを出すか、全員が違う手を出す場合なので、キはどちらとも言えない。したがって、答えはH。

数学系──

位置関係

これだけ覚える!! 高得点のコツ 問題に出てくる場所の位置関係を図に表してみよう。視覚的にすることで、迷わず解答が導けるようになる。

街の中心にあるA駅から東へ300m進んだ位置にB駅がある。また、A駅から南へ400m進んだ位置にはC駅がある。さらに、D駅はA駅からいずれかの方向へ直線で400m進んだ位置にあるという。このとき、以下の問いに答えよ。

(1) C駅から北東の方向にはD駅があるという。D駅に行くにはB駅からどちらの方向に何m進めばよいか。

A 東に100m　B 西に100m　C 東に200m　D 西に200m
E 北に100m　F 南に100m　G 北に200m　H 南に200m

(2) B駅とC駅は直線距離でどのくらい離れているか。

A 282m　B 346m　C 400m　D 423m
E 500m　F 519m　G 564m　H 600m

(3) この街に、新たにE駅を作ることになった。E駅はD駅の北200mの位置に建設される予定である。その場合に、E駅から見て、A駅とC駅の中間地点はどの方角になるか。

A 北　B 南　C 東　D 西
E 北東　F 北西　G 南東　H 南西

[正解と解答のポイント]

地図を描くと次のようになる。

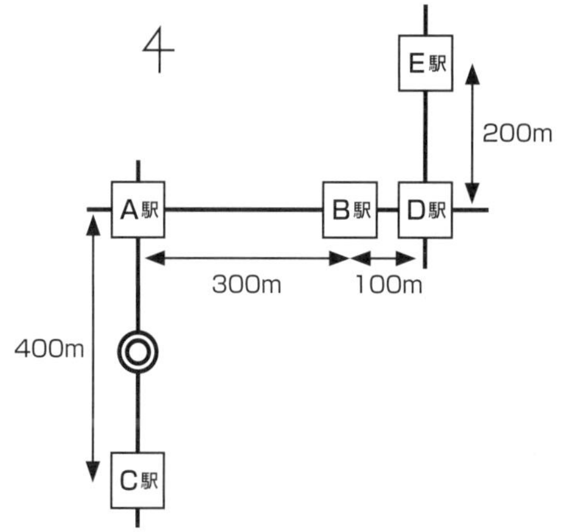

(1)ーA　D駅はC駅から北東方向にあり、A駅から400m離れているので、A駅から東に400m進んだ位置、すなわち、B駅から東に100m進んだ位置にある。

(2)ーE　A駅、B駅、C駅によって作られる三角形に三平方の定理を使う。するとB駅とC駅間の距離は、

$\sqrt{300^2+400^2}=\sqrt{90000+160000}=$
$\sqrt{250000}=500$m

である。

(3)ーH　地図上の◎がA駅とC駅の中間地点である。ここはE駅から見て、南に400m、西に400mの地点にあたる。したがって、E駅から見ると南西方向にある。

数学系――

18 ブラックボックス

これだけ覚える!! 高得点のコツ　規則性をすばやく発見できるかがポイントになる。

Q

A、B 2つのブラックボックスがある。

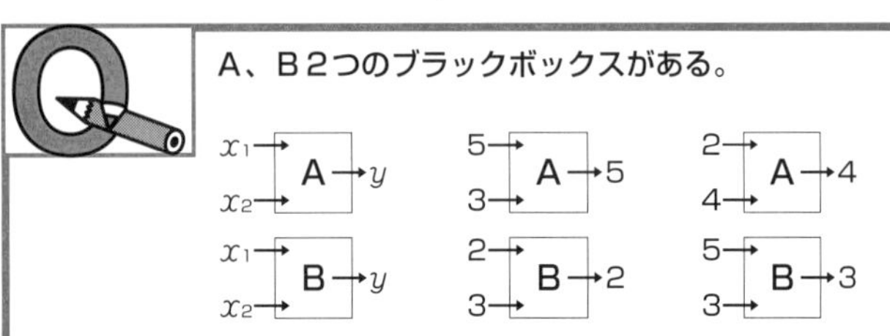

(1) ブラックボックスA、Bに数値を入力した。結果が正しいものはどれか。

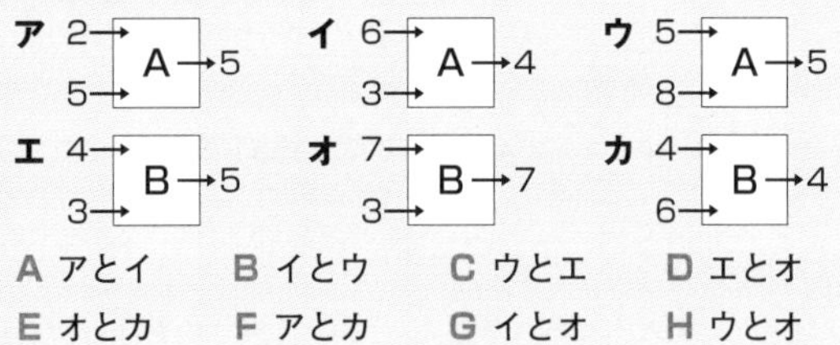

A アとイ　B イとウ　C ウとエ　D エとオ

E オとカ　F アとカ　G イとオ　H ウとオ

(2) 次のような操作を行った。yの数値として正しいものはどれか。

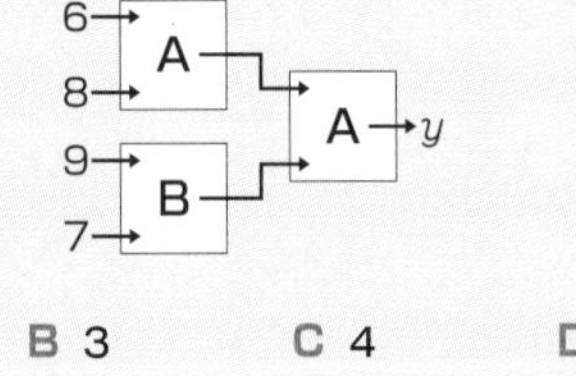

A 2　B 3　C 4　D 5

E 6　F 7　G 8　H 9

[正解と解答のポイント]

(1)—F Aのブラックボックスは

$x_1=5$、$x_2=3$のとき$y=5$

$x_1=2$、$x_2=4$のとき$y=4$なので

x_1、x_2のうち、数値の大きいほうが出力されていることがわかる。

Bのブラックボックスは

$x_1=2$、$x_2=3$のとき$y=2$

$x_1=5$、$x_2=3$のとき$y=3$なので

x_1、x_2のうち、数値の小さいほうが出力されていることがわかる。

(2)—G yの数値は、はじめのA、Bのブラックボックスから出力された数値を再びAのブラックボックスにそれぞれ入力したもの。はじめのAから出力された数値がx_1、Bから出力された数値がx_2になっている。

はじめのAから出力される数値は8、Bから出力される数値は7なので、yは8になる。

[ここだけは要チェック!]

CHECK

パターンを覚えておく

ブラックボックスの問題は一見難しそうに見えるが、次のようなパターンがある。入力した2つの数値の、

① 大きいほうが出力される。
② 小さいほうが出力される。
③ 和が出力される。
④ 差が出力される。
⑤ 積が出力される。

コラム　阪東流　就職内定獲得術……………………その①

今や主流になった
オンライン選考の実際

この数年、新型コロナの影響でオンラインでの選考が当たり前となった。エントリーシート(ＥＳ)も「メールで送る」形式が主流になっている。これは新型コロナに関係なく、事務処理が簡単だと人事や採用担当者が判断したことによるため、今後も続くと思われる。

「メール方式」は、学生にとっても多くの企業にＥＳを出せるメリットがある。誰でもＥＳを出せるということは競争が激しくなるということだ。では、この激しい競争をどう勝ち抜くか。簡単なのはＥＳの基本的なフォーマットを作ることだ。「第一志望業界」「第一志望会社群」を決めて作り、あとはコピー&ペーストすればよい。ただし、その内容は「オリジナル」であることが求められる。例えば、趣味が自動車運転なら「スズキのアルト、ホンダのN-BOXに乗っている」というように具体的な車種を出す。「父の赤いフェラーリに乗って長野県にソロキャンプに行った」のようにさらに具体的であれば(車種は他でもよい)、より面接官に名前を覚えられて「会ってみたい」と思われるだろう。

オンラインで行うＳＰＩなどの適性検査は、訓練を積み重ねる必要がある。ただし、対面でのテストやテストセンターの利用もある(テストセンター方式は自宅などで受検するオンライン会場もある)。

オンライン選考では替え玉受検が行われやすく、企業がＡＩを使って監視しても完全には防げないのが実情だ。そこで改めてＥＳの重要性が認識される。拙書『内定者が本当にやった究極の自己分析』などで、自分の過去を振り返り、ＥＳに書けるネタを見つけるようにしてほしい。

(174ページに続く)

PART 3

新傾向問題

数学系──

推論(テストセンタータイプ1)

これだけ覚える!! 高得点のコツ

テストセンターに出る複数選択タイプの推論の問題を紹介する。この場合、正解が1つとは限らないので、注意して解いていこう。

ある調査により、犬か猫を飼っているP、Q、R、Sという4軒の家庭について、以下のことがわかった。

ⅰ)Pが飼っている犬か猫の数は4匹であり、4軒の中ではいちばん多い。

ⅱ)Sが飼っている犬か猫の数は、他の家庭よりも少ない。

ⅲ)4軒で飼っている犬か猫の数を合わせると、犬と猫の数は同数である。

(1)4軒で飼っている犬か猫は合計で何匹いるか。可能性がある選択肢をすべて選びなさい。

A 4匹　B 5匹　C 6匹　D 7匹
E 8匹　F 9匹　G 10匹　H 11匹
I 12匹　J A～Iのいずれでもない

(2)Rが飼っているのが犬3匹だった場合、Pが飼っている犬は何匹か。可能性がある選択肢をすべて選びなさい。

A 0匹　B 1匹　C 2匹　D 3匹
E 4匹　F 5匹　G 6匹　H 7匹
I 8匹　J A～Iのいずれでもない

[正解と解答のポイント]

(1)ーG、I

i)とii)から、QとRの犬か猫の数は2匹または3匹、Sの犬か猫の数は1匹または2匹、また、iii)から4軒の犬か猫の数は全部で偶数匹いることがわかる。

〈①Sの犬か猫の数が1匹の場合〉

Pの4匹とSの1匹で合わせて5匹。QとRはそれぞれ2匹または3匹の犬か猫を飼っている可能性があるが、4軒の犬か猫の合計が偶数匹であることから、2軒合わせて5匹飼っていることになる。
5＋5＝10(匹)。

〈②Sの犬か猫の数が2匹の場合〉

Pの4匹とSの2匹で合わせて6匹。QとRはi)とii)より、それぞれ3匹の犬か猫を飼っていることになるので、6＋3＋3＝12(匹)。
以上より、答えはG、Iである。

(2)ーA、B、C、D

(1)の①の場合、Rが犬3匹を飼っているとすると、Pは4匹、Qは2匹、Sは1匹で合計10匹となる。また、iii)より犬と猫の数は同数なので、犬は合計で5匹いることになる。よって、Pが飼っている犬は最大で5－3＝2(匹)。また、Pが飼っている犬か猫の数は、「猫3匹と犬1匹」あるいは「猫4匹犬0匹」の可能性も考えられる。
よって、「Pが飼っている犬の数」は0匹か1匹か2匹。
次に、(1)の②の場合、Rが犬3匹を飼っているとすると、Pは4匹、Qは3匹、Sは2匹で合計12匹となる。また、iii)より犬と猫の数は同数なので、犬は合計で6匹いることになる。
よって、Pが飼っている犬は最大で6－3＝3(匹)。
また、Pが飼っている犬か猫の数は、「猫2匹と犬2匹」または「猫3匹と犬1匹」または「猫4匹犬0匹」である可能性もある。
よって、「Pが飼っている犬の数」は0匹または1匹または2匹または3匹。
以上より、答えはA、B、C、Dである。

数学系――

推論（テストセンタータイプ2）

これだけ覚える!! 高得点のコツ　順番を割り出すには、与えられた条件を１つずつ検証していけばよい。

教室の席にア、イ、ウ、エ、オ、カの６人が横一列に座っている。このうち５人が１人ずつ順番に、教師から呼び出された。なお、同じ者が２回呼び出されたことはない。

ア	イ	ウ	エ	オ	カ

呼び出された順番について次のことがわかっている。

- １番目と２番目に呼び出された者の席はとなり合っていて、２番目と３番目に呼び出された者の席の間には２人いる。
- ３番目と４番目に呼び出された者の席はとなり合っていて、４番目と５番目に呼び出された者の席の間には１人いる。

（1）ウが１番目に呼び出された場合、呼び出されていない可能性があるのは誰か。A～Eからすべて選べ。

A ア　　B イ　　C エ　　D オ　　E カ

（2）エが５番目に呼び出された場合、１番目に呼び出された可能性があるのは誰か。A～Eからすべて選べ。

A ア　　B イ　　C ウ　　D オ　　E カ

[正解と解答のポイント]

(1)ーA

与えられている条件を1つずつ当てはめていけばよい。まず、1番目と2番目はとなり合っているので、2番目は、イかエとなる。ウ→イの順番で呼び出された場合を考えると、3番目はイとの間に2人いるオになる。4番目はオのとなりなので、エかカとなる。

4番目がエのとき、5番目はカしかなく、4番目がカのとき、5番目はエしかない。まとめると、

ウ → イ → オ → エ → カ
ウ → イ → オ → カ → エ

となる。このとき、アは呼び出されない。

次に、ウ→エの順番で呼び出された場合を同様に考えると、5番目が2番目に呼び出されたエになってしまうため、条件を満たさない。

よって、呼び出されていない可能性があるのは、ア

(2)ーA、C、D

5番目と4番目の間には1人いるので、エの前はイかカ。イ→エを見ると、4番目と3番目はとなり合っているので、前はアかウ。3番目と2番目の間には2人いるので、ア→イ→エの場合、前はエとなってしまい不適。ウ→イ→エの前はカ。2番目と1番目はとなり合っているので、カ→ウ→イ→エの前はオ。同様にカ→エを見ると、4番目と3番目はとなり合っているので、前はオ。3番目と2番目の間には2人いるので、オ→カ→エの前はイ。2番目と1番目はとなり合っているので、イ→オ→カ→エの前はアかウ。まとめると、

オ → カ → ウ → イ → エ
ア → イ → オ → カ → エ
ウ → イ → オ → カ → エ

よって、1番目に呼び出された可能性があるのは、ア、ウ、オ

推論（テストセンタータイプ3）

これだけ覚える!! 高得点のコツ　この問題では、得点のルールが組によって異なることに注意する。

青組は赤いボタンを５つ、赤組は青いボタンを５つ持っている。それぞれの手持ちのボタンからいくつかを相手に渡す。その後に、その時点で手元にあるボタンの合計得点を次のルールにしたがって求める。

〈ルール〉

Ⅰ）青組の得点は、青いボタン１つにつき３点、赤いボタン１つにつき１点とする

Ⅱ）赤組の得点は、青いボタン１つにつき１点、赤いボタン１つにつき３点とする

（1）赤組からは３つ、青組からは３つ以上の手持ちのボタンを相手に渡したとき、赤組の合計得点としてあり得るのはどれか。当てはまるものをすべて選べ。

A ３点　B ６点　C ９点　D 11点　E 14点
F 15点　G 17点　H 19点　I 20点

（2）どちらの組からも、相手に１つ以上のボタンを渡した結果、赤組の合計得点が７点になった。このとき、青組の合計得点としてあり得るものはどれか。当てはまるものをすべて選べ。

A ７点　B ８点　C ９点　D 10点　E 11点
F 12点　G 13点　H 14点　I 15点

[正解と解答のポイント]

(1)ーD、E、G

赤組は、青いボタンを5つ持っていて、そのうち3つを青組に渡すので、残る青いボタンは2つ。赤組にとって青いボタン1つは1点なので、青いボタン2つは2点 … ①

また、赤組は青組から赤いボタンを3つ以上渡される。つまり、赤組が手にする赤いボタンは3つ、4つ、5つのいずれか。赤組は、赤いボタンを1つ3点で計算するので、ボタンの数によって9点、12点、15点のいずれか … ②

よって①+②で、

赤組の合計得点としてあり得るのは11点、14点、17点。

(2)ーA、I

●が青いボタン1つを、○が赤いボタン1つを表すとする。赤組7点のうち、赤いボタンは1つ3点なので、最多で2つ。赤いボタンが1つ、2つのときに青いボタンがいくつあれば7点になるかを考える。

〈赤いボタンが1つのとき〉

赤組：○●●●●　赤いボタン1つ、青いボタン4つのとき、合計点数は7点になる。

このとき、青組は下記のボタンを持つことになる。

青組：●○○○○　青いボタン1つ、赤いボタン4つ

(1×3)+(4×1)=7(点)

〈赤いボタンが2つのとき〉

赤組：○○●　赤いボタン2つ、青いボタン1つのとき、合計点数は7点となる。

このとき、青組は下記のボタンを持つことになる。

青組：●●●●○○○青いボタン4つ、赤いボタン3つ

(4×3)+(3×1)=15(点)

よって答えは、7点または15点

推論（テストセンタータイプ4）

P、Q、R、Sの４チームが総当たり戦のサッカーの大会を行い、以下のことがわかっている。

X）PはQより勝ち数が上回った。

Y）Sが単独で最下位だった。

（1）全体として引き分けが１試合あり、QがPに勝ったとき、Rの勝敗として考えられるものをすべて選びなさい。

A ３勝　B ２勝１分け　C ２勝１敗

D １勝１敗１分け　E １勝２敗　F ２敗１分け

（2）全体として引き分けが１試合あったとき、Rの勝敗として考えられるものをすべて選びなさい。

A ３勝　B ２勝１分け　C ２勝１敗

D １勝１敗１分け　E １勝２敗　F ２敗１分け

[正解と解答のポイント]

４チーム総当たり戦なので、その対戦結果の表を書くとよい。また、条件からわかることを、問題を解く前に整理する。X)から、Pが３勝ならQは２勝か１勝、Pが２勝ならQは１勝。Pが１勝ならQは０勝となる。ただし、Qが０勝で、Sが単独で最下位となるのは、Qが０勝３分けか０勝１敗２分けで、Sは０勝２敗１分けのとき。ただし設問に「全体として引き分けが１試合あった」とあるので、Qの０勝はない。また、単独で最下位なのでSの負け越しは確実。

（1）―C、D

QがPに勝ったとき、X)からPは２勝以上。一方、QはPには勝ったが、①他の２チームには負けたか、②１チームに引き分けて１チームに負けたかである。これをもとにRの勝敗を考える。まず①の場合。PがQに負け、RとSには勝っていることから、RとSはPには負けている。また、QがRとSには負けていることからRとSはQには勝っている。この時点で、RとSの勝敗は１勝１敗。Qは１勝２敗。ここで、全体として引き分けが1試合あるので、RとSの試合が引き分けだったことになる。Sは単独最下位ではないため、①は成り立たない。次に②の場合。QがRと引き分けてSに負けたと考えると、ここまででPは2勝1敗、Qは1勝1敗1分け、Rは1敗1分け、Sは1勝1敗。最後に、Sの負け越しは確実なため、RがSに勝ったと考えられ、Rは1勝1敗1分け、Sは1勝2敗となる。これはすべての条件を満たしているため、成り立つ。続いて、QがRに負けてSと引き分けたと考える。ここでRとSの対戦結果を考えると、RがSに勝てばすべての条件を満たし、RがSに負ければRが最下位になることから成り立たない。よってRは2勝1敗が成り立ち、C、Dが正解。

①	P	Q	R	S
P	＼	×	○	○
Q	○	＼	×	×
R	×	○	＼	△
S	×	○	△	＼

不成立

②	P	Q	R	S
P	＼	×	○	○
Q	○	＼	△	×
R	×	△	＼	○
S	×	○	×	＼

成立

③	P	Q	R	S
P	＼	×	○	○
Q	○	＼	×	△
R	×	○	＼	○
S	×	△	×	＼

成立

(2)—B、C、D、E

(1)の答えは(2)にもあてはまり、C、Dは答えとなる。よって、残りのA、B、E、Fを検討すればよい。Aについて。Rが3勝したとき、X)とY)からPは2勝で、QとSに勝っており、QとSが2敗で並ぶ。ここで、全体として引き分けが1試合あるので、QとSの試合が引き分けとなる。Sは単独最下位ではないため、Aは成り立たない。Bについて。Rが2勝1分けで例えばPと引き分けたとき、PがQとSに勝ち、QがSに勝てばすべての条件を満たし、Bは成り立つ(P以外と引き分けた場合でも成り立つ)。Eについて。Rが1勝2敗で例えばSに勝ち、PとQに負けたとき、SがPに負け、Qに引き分け、PがQに勝てばすべての条件を満たし、Eは成り立つ。Fについて。Rが2敗1分けの場合、Sが単独で最下位になるには3敗しなければならないが、条件を満たす適切な組み合わせがないためFは成り立たない。よって、B、C、D、Eが正解。

A	P	Q	R	S
P	＼	○	×	○
Q	×	＼	×	△
R	○	○	＼	○
S	×	△	×	＼

不成立

B	P	Q	R	S
P	＼	○	△	○
Q	×	＼	×	○
R	△	○	＼	○
S	×	×	×	＼

成立

E	P	Q	R	S
P	＼	○	○	○
Q	×	＼	○	△
R	×	×	＼	○
S	×	△	×	＼

成立

F	P	Q	R	S
P	＼		○	
Q		＼	○	
R	×	×	＼	△
S			△	＼

不成立

推論(WEBテスティングタイプ1)

これだけ覚える!! 高得点のコツ
WEBテスティングで見られる問題。「アだけでわかるが、イだけではわからない」など、推論をすべて検証しないと答えが導き出せないので、注意が必要だ。

以下について、ア、イの情報のうち、どれがあれば[問い]の答えがわかるかを考え、A～Eまでの中から正しいものを1つ選び、答えなさい。

東京、名古屋、京都、大阪の4つの地域の代表チームがサッカーの試合を総当たり方式で行った。ただし、引き分けの試合はなかった。

[問い]京都は何勝何敗したか。

ア 東京は全勝した。
イ 名古屋は全敗した。

A アだけでわかるが、イだけではわからない
B イだけでわかるが、アだけではわからない
C アとイの両方でわかるが、片方だけではわからない
D アだけでも、イだけでもわかる
E アとイの両方があってもわからない

[正解と解答のポイント]

正解—E

ア、イの条件を踏まえた表を作成する。
アより、東京は全勝なので東京の行はすべて○となる。表の対応関係から、東京の列には×をつける。
同様に、イより、名古屋の行はすべて×となり、列は○となる。

	東 京	名古屋	京 都	大 阪
東 京		○	○	○
名古屋	×		×	×
京 都	×	○		?
大 阪	×	○	?	

この表から京都の勝敗数は、表の [網掛け] の部分が○か×かによって決まることがわかる。
しかし、アとイの情報だけではそれがわからない。
したがって、ア、イの両方があっても京都の勝敗数を確定することはできない。

数学系——

推論（WEBテスティングタイプ2）

これだけ覚える!! 高得点のコツ　「アだけでわかるが、イだけではわからない」や「イだけでわかるが、アだけではわからない」と、「アだけでも、イだけでもわかる」の違いに気をつける。

［問題1］　以下について、ア、イの情報のうち、どれがあれば［問い］の答えがわかるかを考え、A～Eまでの中から正しいものを1つ選び、答えなさい。

ミカン、リンゴ、ナシが必ず1個以上あり、合計は24個である。
［問い］ミカンは何個あるか

ア リンゴはミカンより多い
イ リンゴとナシは合わせて13個ある

A　アだけでわかるが、イだけではわからない
B　イだけでわかるが、アだけではわからない
C　アとイの両方でわかるが、片方だけではわからない
D　アだけでも、イだけでもわかる
E　アとイの両方があってもわからない

［問題2］　以下について、ア、イの情報のうち、どれがあれば［問い］の答えがわかるかを考え、A～Eまでの中から正しいものを1つ選び、答えなさい。

鉛筆と消しゴムの詰め合わせがある。
［問い］消しゴムは合わせて何個入っているか。

ア 鉛筆の数は消しゴムの数の2倍である
イ 鉛筆の数は消しゴムの数より10多い

A　アだけでわかるが、イだけではわからない
B　イだけでわかるが、アだけではわからない
C　アとイの両方でわかるが、片方だけではわからない
D　アだけでも、イだけでもわかる
E　アとイの両方があってもわからない

[正解と解答のポイント]

問題1—B

ア「リンゴ＞ミカン」だけでは、ミカンが何個あるかを知ることはできない。しかし、ミカン＋リンゴ＋ナシ＝24個からイ「リンゴ＋ナシ＝13」個を引くことでミカンの個数、24－13＝11個を求めることができる。したがって、**B**が正しい。

問題2—C

鉛筆の数をX、消しゴムの数をYとして、アの情報を計算式で表すと、X＝2Y…①となる。また、イの計算式は、X＝Y＋10…②　となる。①の式を②の式に代入すると、2Y＝Y＋10…③となり、この式をYについて解く。

$2Y = Y + 10 \quad \Leftrightarrow \quad 2Y - Y = 10 \quad \Leftrightarrow \quad Y = 10$

よって、消しゴムは合わせて10個、詰め合わせの中に入っていることがわかる。したがって、**C**が正しい。

XやYなどの未知数を求める際は、未知数の数だけ方程式が必要となる。今回の問題では鉛筆と消しゴムの個数という2つの未知数に対して、アとイの条件から2つの式を立てた。上記の未知数と方程式の関係を理解していれば、計算をせずとも問題文だけで判断できる問題である。

数学系――

四則演算（WEBテスティングタイプ）

これだけ覚える!! 高得点のコツ　WEBテスティングで見られる計算問題。正解を選択肢の中から選ぶのではなく、直接に数値を答える。

［問題１］

以下の空欄に当てはまる数を答えなさい。

X、Y、Zの３人がサイコロを振った。３人が出した目について、以下のことがわかっている

ア ３人が出した目の積は24
イ Xの出した目は偶数である
ウ Xの出した目からYの出した目を引くと４

このときZの出した目の値は[　　　]である

［問題2］

以下の空欄に当てはまる数を答えなさい。

家から2.4km離れた学校まで96m/分で歩くと、始業時刻ちょうどに着く。自転車に乗って300m/分の速さで移動すると始業時刻より[　　　]分早く到着する（必要な場合は小数点以下第１位を四捨五入すること）。

[正解と解答のポイント]

問題1―2

まず、X、Y、Zの３人が出した目をそれぞれ、x、y、zと置く。

次にア、イ、ウの情報をもとに式を立てる。

ア ３人が出した目の積は24 ⇒ $x \times y \times z = 24$

イ Xの出した目は偶数である ⇒ $x = 2$ or 4 or 6

ウ Xの出した目からYの出した目を引くと４ ⇒ $x - y = 4$

答えとなる値の範囲は、サイコロの出る目の値である１～６になる。そのため、ウの情報からxとyの値の組み合わせは以下のように絞られる。$(x, y) = (5, 1)$ or $(6, 2)$

そしてイの情報より、xの値は偶数であることがわかっているためxとyの値はそれぞれ、$x = 6$と$y = 2$に確定する。

この値をアの式に代入すると、$6 \times 2 \times z = 24$　$z = 24 \div 12 =$ **2**

したがって、空欄[　　　]に当てはまる値は**2**となる

問題2―17

まずは単位を合わせる。問題文より、求めたい値は「分」である。また、計算に「分」と「m」の単位を用いるため、家から学校までの道のり2.4kmを2400mに変える。

96m/分の速さで歩くと学校まで何分で到着するのかを考える。距離と速度の関係より、

2400(m) ÷ 96(m/分) = 25(分)…①

つまり、始業時刻は家を出てから25分後であるとわかる。

次に自転車に乗って300m/分の速さで移動した場合、上記同様、

2400(m) ÷ 300(m/分) = 8(分)…②

となるため、家を出てから８分で学校に到着することがわかる。

①と②の差から、25 − 8 = **17**

したがって、空欄[　　　]に当てはまる値は**17**となる。

新傾向問題

四則演算(WEBテスティングタイプ)

数学系──

その他（1）（WEBテスティングタイプ）

これだけ覚える!! 高得点のコツ　WEBテスティングで見られるその他の頻出問題。ここでも直接に数値を答えるので、四捨五入の際などに要注意。

［問題１］

空欄に当てはまる数値を求めなさい。

１枚のピザをP、Q、Rの３人で分けて食べた。Pは全体の$\frac{6}{13}$の量をもらい、QはPの0.8倍の量をもらった。このときにRがもらった量は、Pの〔　　　〕倍であった（必要なときは、最後に小数点以下第３位を四捨五入すること）。

［問題２］

空欄に当てはまる数値を求めなさい。

フリーマーケットに出店するにあたり、つり銭として21000円分の硬貨を準備した。硬貨の種類と枚数について、以下のことがわかっている。

　ア　硬貨は100円と500円の２種類だった

　イ　硬貨の合計枚数は90枚以下だった

このとき、500円硬貨は最も少なくて〔　　　〕枚ある。

[正解と解答のポイント]

問題1—0.37

QはPの0.8倍だから、全体の$\frac{6}{13}\times\frac{8}{10}=\frac{24}{65}$…①

Pは$\frac{6}{13}=\frac{30}{65}$…②

Rがもらった量は、全体－(①＋②)＝$\frac{65}{65}-\frac{54}{65}=\frac{11}{65}$…③

Pが$\frac{30}{65}$、Rが$\frac{11}{65}$だから、

Rがもらった量はPの$\frac{11}{65}\div\frac{30}{65}=11\div 30=0.3666\cdots$→0.37倍

(小数点以下第3位を四捨五入)。

問題2—30

100円硬貨の枚数をx、500円硬貨の枚数をyとおく。アとイを式に表すと、

$x+y\leqq 90$…①

$100x+500y=21000$…②

②より、$x+5y=210$　$x=210-5y$…③　③を①に代入して、$(210-5y)+y\leqq 90$　$-4y\leqq -120$　$y\geqq 30$

500円硬貨は30枚以上なので、その中で最も少ないのは、30枚

別解

もし500円硬貨だけだと、21000÷500＝42枚

500円41枚だと、21000－20500＝500 で100円は5枚　合計枚数46枚

500円40枚だと、21000－20000＝1000で100円は10枚　合計枚数50枚

500円39枚だと、21000－19500＝1500で100円は15枚　合計枚数54枚

:　　　　　　　　　　　　　　　　　　　　:

500円31枚だと、21000－15500＝5500で100円は55枚　合計枚数86枚

500円30枚だと、21000－15000＝6000で100円は60枚　合計枚数90枚

500円29枚だと、21000－14500＝6500で100円は65枚　合計枚数94枚で不適

500円硬貨が29枚以下だと、イを満たさない。

よって、500円硬貨は最も少なくて30枚ある。

その他(2)(WEBテスティングタイプ)

[問題3]

空欄に当てはまる数値を求めなさい。

文系学生P、Q、Rがそれぞれ1、2、3のカードを、理系学生X、Y、Zがそれぞれ4、5、6のカードを1枚ずつ持って円卓に等間隔で座っている。PとX、QとY、RとZは同じ大学である。6人の座り方について以下のことがわかっている。

ア　両隣に理系学生が座っているのはRのみである

イ　QとYだけが同じ大学で真向かいに座っている

このとき、Pの真向かいに座っている人の持つカードの番号は〔　　　〕である。

[問題4]

下の表は、ある飲食店の4つの支店P、Q、R、Sにおける肉、魚介、野菜のある週の合計仕入れ量とその割合を示したものである。以下の2問に答えなさい。

	P	Q	R	S
合計仕入れ量	91.2kg	110.7kg	102.3kg	79.5kg
肉	68.0%	64.2%	39.8%	24.5%
魚　介	14.6%	15.6%	27.1%	35.2%
野　菜	17.4%	20.2%	33.1%	40.3%
計	100.0%	100.0%	100.0%	100.0%

[1]肉より魚介の仕入れ量が多かった支店では、魚介は肉の〔　　　〕倍仕入れられている(必要なときは、最後に小数点以下第3位を四捨五入すること)。

[2]各支店の肉の仕入れ量を表したグラフは、つぎのA～Fのうちどれに最も近いか。なお、棒グラフはそれぞれ、左からP、Q、R、Sの順に並んでいる。

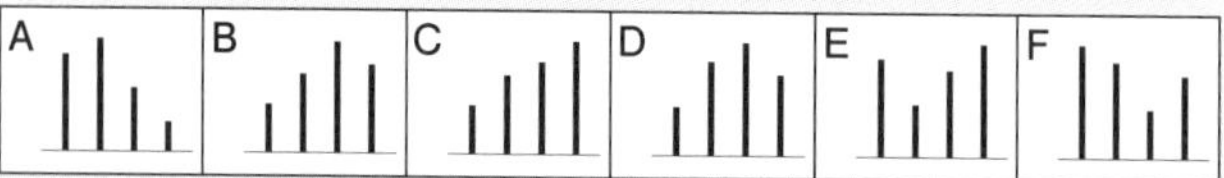

[正解と解答のポイント]

問題3—3

①条件アから図を作る。

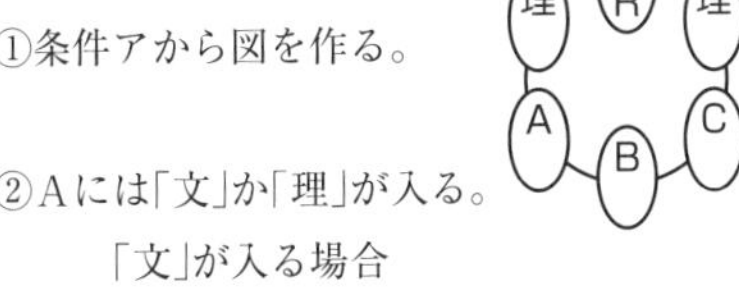

文
R
理
理
A
B
C

②Aには「文」か「理」が入る。

「文」が入る場合

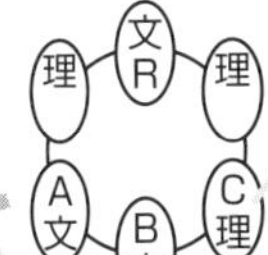

Bには条件アから「文」が入る
Bが決まったのでCには「理」が入る

「理」が入る場合

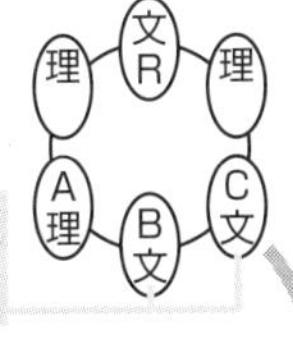

「理」が3人入ったので、BとCには「文」が入る

③条件イ「QとYだけが同じ大学で真向かい」を加える。
Qは「文」、Yは「理」なので、「文」と「理」が真向かいになっている箇所を見る。

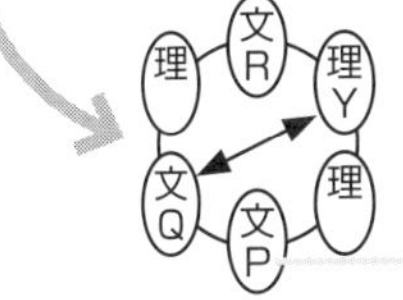

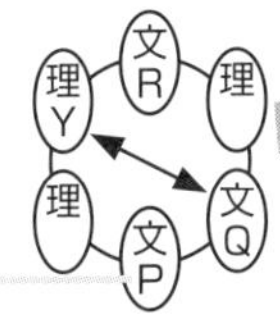

Rが決まり、Qは左右図のいずれかなので、ここはP

どちらの場合でもPの真向かいに座っているのはRなので、持っているカードは3である。

問題4—[1]1.44　[2]A

[1]肉より魚介の仕入れ量が多かった支店はSだけである。
S支店の仕入れ割合を見ると、肉が24.5%、魚介が35.2%だから、35.2÷24.5＝1.436…1.44倍

[2]支店P、Q、R、Sの肉の仕入れ量を計算する。
Pは、　91.2×68.0%＝　62.016kg、
Qは、110.7×64.2%＝71.0694kg、
Rは、102.3×39.8%＝40.7154kg、
Sは、　79.5×24.5%＝19.4775kg
これを多い順に並べてみると、
Q>P>R>S。最も近いグラフはA

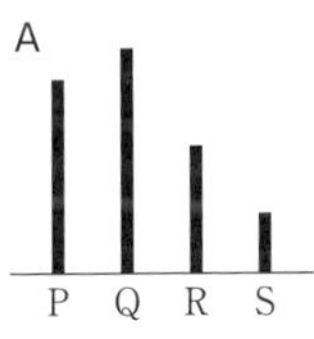

A
P
Q
R
S

国語系──

熟語の成り立ち

これだけ覚える!! 高得点のコツ WEBテスティングで見られる問題。すべての漢字を訓読みしてみると、前後の漢字の関係が自ずと見えてくる。

次の５つの熟語の成り立ち方として、適したものをA～Dまでの中から１つずつ選びなさい。

[問題１]（１）少量
（２）増加
（３）善悪
（４）牛肉
（５）縦横

A 反対の意味をもつ漢字を重ねる
B 似た意味をもつ漢字を重ねる
C 前の漢字が後ろを修飾する
D A～Cのどれでもない

[問題２]（１）創業
（２）公設
（３）防寒
（４）終了
（５）温水

A 動詞の後ろに目的語がくる
B 前の漢字が後ろの漢字を修飾する
C 主語と述語の関係にある
D A～Cのどれでもない

[正解と解答のポイント]

[問題1]

(1)—C　「少量」を訓読みすると「少ない量」になる。「少ない」は「量」を修飾するので、前の漢字が後ろの漢字を修飾する関係となる。

(2)—B　「増」も「加」もどちらも「増やす」という意味をもつ。したがって「増加」は似た意味をもつ漢字を重ねた熟語。

(3)—A　「善」は「良い」という意味で「悪」は「悪い」という意味。よって反対の意味をもつ漢字を重ねた熟語。

(4)—C　「牛肉」を訓読みすると「牛の肉」になる。「牛」が「肉」を修飾しているので、前の漢字が後ろの漢字を修飾する熟語。

(5)—A　「縦」と「横」はそれぞれ反対の意味をもつ漢字なので、「縦横」は反対の意味をもつ漢字を重ねた熟語。

[問題2]

(1)—A　「創業」を訓読みすると「創る」「(事)業を」になる。「業」が「創」の目的語になっているので、動詞の後ろに目的語がくる熟語。

(2)—C　「公設」を訓読みすると「公が設ける」になる。前後の漢字が主語と述語の関係になっている。

(3)—A　「防寒」を訓読みすると「防ぐ」「寒さを」になる。「寒」が「防」の目的語になっているので、動詞の後ろに目的語がくる熟語。

(4)—D　「終」も「了」も共に「終わる」という意味をもつ。したがって「終了」は似た意味をもつ漢字を重ねた熟語なので、A～Cのどれでもない。

(5)—B　「温水」を訓読みすると「温かい水」になる。「温かい」は「水」を修飾するので、前の漢字が後ろの漢字を修飾する関係となる。

国語系——

3つの文を完成させる

これだけ覚える!! 高得点のコツ

WEBテスティングで見られる問題。空欄の前後の文をよく読み、「文脈上どの文を空欄に入れるのが適切か」を判断すること。空欄に文を入れて読んでみて「違和感がないか」も確認してみよう。

次の３つの文を完成させるためにA～Dの中から最もつながりがよいものを１つずつ選びなさい。ただし、同じ選択肢を重複して使うことはありません。

（1）加齢を自然に受け入れるというと、［　　］。
（2）刻々と進む研究が最終的にめざすのは、［　　］。
（3）装置を脳に埋め込み、［　　］。

（朝日新聞『天声人語』2017年８月22日より）

A もしかしたら医療技術の進歩に揺さぶられるかもしれない
B 記憶力を増強する
C 穏やかな響きがある
D 「抗・老化」を通り越して「脱・老化」である
E 今後さらに注目されるだろう

[正解と解答のポイント]

（1）―C　（1）の空欄には、「加齢を自然に受け入れる」ことはどのような印象のものであるかを表す表現が入る。よって、Cが正解。Dは加齢を自然に受け入れることとは逆のことが書かれており、合わない。

（2）―D　（2）の空欄には研究の目的となり得るものが入る。A～Eの中で研究の目的として成立するのはB、Dである。しかし、Bは「増強する」と動詞で終わっており、読点の前の文とうまくつながっていない。よって、Dが正解。

(3)―B　装置を脳に埋め込むことで得られる効果となり得るものが入る。A～Eの中で効果として成立するのはBだけである。よって、Bが正解。

(4)机の上ではいかめしくとっつきにくかった1冊が、[　　　]。

(5)夏休みなど学校の長期休暇のときに使える「青春18きっぷ」を手に、[　　　]。

(6)読書週間は秋だが、[　　　]。

（朝日新聞『天声人語』2017年7月10日より）

A　新鮮な感じがしてくる

B　静かな喫茶店に持ち込むとやさしく語りかけてくる

C　本を読むための旅に出る

D　本は読む場所によって表情を変える

E　夏も本に親しむのにふさわしいと感じるのはなぜだろう

[正解と解答のポイント]

(4)―B　文脈から読点の前後は対比の関係にあると考えることができる。読点より前の文章の対比として最も適合的なのは「机の上」と「喫茶店」を対比させているBである。よって、正解はB。Dは対比の関係になく、抽象的な結論を述べているだけなので不適切。

(5)―C　きっぷを持って行うことは電車に乗ることである。とくに「長期休暇のときに使える『青春18きっぷ』」を持っていることから長距離の旅であることがわかる。よって、正解はC。

(6)―E　文脈から、秋以外に読書をすることの素晴らしさについて述べている一文が入ることがわかる。最も適合的なのは「秋」の対比となり得る「夏」の読書について述べているEである。

国語系――

文章に対する短文の空欄補充

これだけ覚える!! 高得点のコツ　WEBテスティングで見られる問題。設問の内容だけでなく接続詞や助詞にも注目して解こう。答えとなる選択肢を選んだら、もう一度設問を読み返して解答に違和感がないか確認しよう。

文中の空欄に入れる語句として最適なものを、A～Dの中から１つ選びなさい。

（１）私は重大な事件や事故、興味のある話題を報じた新聞を切り抜いて保管している。また、[　　　]後から見返すときに重要なポイントが一目でわかるので便利だ。例えば、議員の資産公開の記事で自分の選挙区の議員が載っていたら、その議員の箇所を蛍光ペンで囲んで保管している。それらの紙面から、流し読みすることの多いデジタル版の記事以上の価値を見出しているのだ。紙の新聞の方がデジタル版よりも活用の幅は広い。

A　重要な部分に蛍光ペンで線を引いておくと
B　デジタル版も並行して読み進めると
C　新聞を切り抜いて重要な記事を一冊のノートにまとめると
D　切り抜いた記事以外の新聞は全て捨ててしまうと

（２）コロナ対策で「兵力の逐次投入」との批判をよく耳にする。旧日本軍はガダルカナル戦略などで、強力な米軍に対し兵力を小出しにして次々に撃破された。中途半端な策を小出しにするのは兵法では禁物とされる。旧日本軍も「戦闘を実施するにあたり[　　　]。

（毎日新聞『余録』2021年１月８日より）

A 所要充たざる兵力を逐次に使用するは大いなる過失に属す」と戒めてはいた。
B 所要充たざる兵力を逐次に使用するは可能である」と認めてはいた。
C 所要充たざる兵力を逐次に使用するは不可能である」と諦めてはいた。
D 所要充たざる兵力を逐次に使用するは我が国の戦法である」と自負してはいた。

[正解と解答のポイント]

(1)ーA

[　　　]直後の文から、「重要なポイントが一目でわかる」ために行われる工夫が入ることがわかる。B、Dは重要なポイントが一目でわかるための工夫としては成立しないので、不適切。よって解答はAかCである。[　　　]を含む文の直後の文は、「例えば」で始まっており、前の文の例示であることがわかる。その中で、自分の選挙区の議員の資産公開の箇所を蛍光ペンで囲んで保管していることが述べられているので、正解はAであることがわかる。新聞を切り抜いて保管していることは[　　　]を含む文の直前ですでに述べられており、Cを入れると内容が重複してしまうので不適切。

(2)ーA

問題文では旧日本軍の「兵力の逐次投入」の在り方について考察している。例えば、ガダルカナル戦略などで兵力を小出しにして次々に撃破されたこと、中途半端な策を小出しにするのは兵法では禁物とされていたことなど、批判的な事例が挙げられている。続いて旧日本軍の残した言葉について言及されているが、前文までに「兵力の逐次投入」について釘をさす事例はすでに述べられており、また旧日本軍「も」という接続詞にも着目すると、旧日本軍も「兵力の逐次投入」に釘を刺していたということが考えられる。したがって、Aが正解。BとDはいずれも文脈と正反対の内容となるので不適切。Cは「兵力の逐次投入」について文脈上で不可能とまでは断定していないので不適切。

文章に対する一語の空欄補充

これだけ覚える!! 高得点のコツ

WEBテスティングで見られる問題。消去法が非常に有効。当てはめて意味が通らなかったら排除する。3つの空欄に同じ選択肢は使用できない。わかりやすいところから解いていこう。

文中の空欄ア～ウに入れるのに最適な語を、A～Cの中から1つずつ選びなさい。ただし、それぞれの語は1回だけ使うものとします。

第5次男女共同参画基本計画では、若い世代の[　ア　]を積極的に取り入れることで、新味を打ち出している。素案に対する意見公募(パブリックコメント)では約5,600件が集まり、10～30歳代の女性の切実な声が目立った。これを受け、就職活動中の学生へのセクハラ防止について[　イ　]を手厚くした。望まない妊娠を防ぐための「緊急避妊薬」についても処方箋なしに購入できるよう[　ウ　]するとした。

(読売新聞 13面、2021年1月8日より)

A 検討
B 要望
C 記述

[正解と解答のポイント]

(ア)ーB
(イ)ーC
(ウ)ーA

1文目の「若い世代の[　ア　]を積極的に取り入れることで、」の部分では、「積極的に取り入れる」につながる単語が入る。よって、Bが正解。

3文目の「セクハラ防止について[　イ　]を手厚くした」の部分では、文脈上、第5次男女共同参画基本計画に盛り込まれる中身を手厚くしたと読むことができ、最も適切なのがCである。

最後の文の「処方箋なしに購入できるよう[　ウ　]する」の部分では、「処方箋なしに購入できるよう」という箇所に注目すると、Aが正解となる。

WEBテスティングで見られる国語系の問題としては、この新傾向問題で紹介している「熟語の成り立ち」「3文完成」「空欄補充」「文章整序」のほか、「長文読解」などが出題される。

国語系──

09 文章整序

これだけ覚える!! 高得点のコツ　WEBテスティングで見られる問題。文頭など接続しやすいところからつなぎ、全体の流れを見て残りをつなぎ合わせる。

次の文中のア～エの空欄にA～Dの語句を入れて文を完成させるとき、最も適切な組み合わせを答えなさい。

(1) 四国八十八ヶ所巡礼は[　ア　][　イ　][　ウ　][　エ　]江戸時代以降のことであると考えられている

A ガイドブックが初めて出版された

B もともとは僧侶による修行の一環に過ぎず

C 現在では観光資源の一つとして知られるが

D 庶民の間で巡礼が広まったのは

(2) ボウリングのピンは[　ア　][　イ　][　ウ　][　エ　]法をすり抜けるために10本になった

A 賭け事の対象となり禁止されたとき

B 現在では10本がお馴染みだが

C 19世紀にアメリカの法律で

D かつては９本が普通であり

(3) ランドセルは[　ア　][　イ　][　ウ　][　エ　]知られている。

A 軍隊で使うカバンとして採用されたが

B 両手を開けて登校できるため注目され

C 海外から伝来した当初は

D 現在ではもっぱら小学生が使うカバンとして

[正解と解答のポイント]

(1)―ア.C　イ.B　ウ.D　エ.A

文頭の「巡礼は」に続く選択肢を探すと、「巡礼についての説明」であるB・Cが候補になる。これらを検討してみると、「現在は～だが、もともとは～」となるC→Bの順がよいと推測できる。続いてA・Dを見てみると、庶民化の流れを説明しているとわかり、D→Aの順が自然である。よって、その順に並べると『四国八十八ヶ所巡礼は「現在では観光資源の一つとして知られるが」「もともとは僧侶による修行の一環に過ぎず」「庶民の間で巡礼が広まったのは」「ガイドブックが初めて出版された」江戸時代以降のことであると考えられている』となる。

(2)―ア.B　イ.D　ウ.C　エ.A

文頭の「ピンは」に続く選択肢を探すと、「ピンの本数についての説明」であるB・Dが候補になる。これらを検討してみると、「現在は～だが、かつては～」となるB→Dの順がよいと推測できる。続いてA・Cを見てみると、ピンの本数が変わる経緯を説明しているとわかり、C→Aの順だと辻褄が合う。よって、その順に並べると、『ボウリングのピンは「現在では10本がお馴染みだが」「かつては９本が普通であり」「19世紀にアメリカの法律で」「賭け事の対象となり禁止されたとき」法をすり抜けるために10本になった』となる。

(3)―ア.C　イ.A　ウ.B　エ.D

A～Dのいずれも「ランドセルは」に続く候補となる。まず選択肢を見ると、C「当初は」とD「現在では」が対比に使える。続いて接続を考えると、Aの末尾「～が」に注目できる。Aは過去の説明なので、この文は過去→現在の流れであると推測できる。よって、C→Aで過去の説明をした後、B→Dで現在までの経緯を説明するのが適切。その順に並べると、『ランドセルは「海外から伝来した当初は」「軍隊で使うカバンとして採用されたが」「両手を開けて登校できるため注目され」「現在ではもっぱら小学生が使うカバンとして」知られている』となる。

国語系——

校正問題（1）

これだけ覚える!! 高得点のコツ　同音異字、同訓異字、文字の一部が共通の漢字の正しい使い分け、送りがなの振り方を確認しておこう。

［問題１］

漢字の使い方に誤りのあるものを選びなさい。

（1）A 国会の召集　B 強行な態度
　　C 試行錯誤　D 口頭試問

（2）A 身元の照会　B 心神喪失
　　C 抱擁力がある　D 身元保証人

（3）A 百戦錬磨　B 単純明快
　　C 意味深長　D 異句同音

（4）A 民法の講義　B 下熱剤の服用
　　C 気概ある人物　D 機嫌がいい

［問題2］

送りがなの振り方に誤りのあるものを選びなさい。

（5）A 凍ごえ死ぬ　B 汚らわしい行動
　　C 好き嫌いがない　D 家が傾く

（6）A 友人を訴える　B 写真写り
　　C 骨を埋める　D 潔よい態度

（7）A 宿に泊まる　B 懐しい歌
　　C 口も滑らか　D 難病に悩む

（8）A 甚はだしい　B 海底に潜む
　　C 寒さに震える　D 民衆に施す

[正解と解答のポイント]

問題1 (1)−B [強硬]が正しい。
(2)−C [包容力]が正しい。
(3)−D [異口同音]が正しい。
(4)−B [解熱剤]が正しい。

問題2 (5)−A [凍え死ぬ]が正しい。
(6)−D [潔い]が正しい。
(7)−B [懐かしい]が正しい。
(8)−A [甚だしい]が正しい。

CHECK [ここだけは要チェック!]

今のうちに覚えておこう

■ 間違えやすい漢字

□ ○配偶者 ×配遇者　□ ○感慨 ×感概
□ ○発掘 ×発堀　□ ○堪忍袋 ×勘忍袋
□ ○間近 ×真近　□ ○遍歴 ×偏歴
□ ○形見 ×形身　□ ○応対 ×応待

■ 使い分けが難しいもの

□ 適正価格：適性検査
□ 条件の提示：証明書の呈示
□ 的確な判断：適格者
□ 希望に添う：川に沿う
□ 英気を養う：鋭気をくじく
□ 善後策：前後左右
□ 他国を攻める：過失を責める
□ のどが渇く：汗が乾く
□ ねじを締める：門を閉める：首を絞める
□ 帰路に就く：駅に着く：味方に付く
□ 命を絶つ：布を裁つ：酒を断つ

CHECK!

国語系——

校正問題（2）

これだけ覚える!! 高得点のコツ 事務職用SPI試験で出題されるタイプ。解答の正確性に注意しよう。

次の問いに答えなさい。

［問題１］住所録に載っているデータを以下の規則にしたがって分類したい。

氏　名	性　別	年　齢
1．あ行～か行	1．男	1．19歳以下
2．さ行～た行	2．女	2．20歳～29歳
3．な行～は行		3．30歳～39歳
4．ま行～や行		4．40歳～49歳
5．ら行～わ行		5．50歳以上

（1）22歳の男性、まつもと は次のうちどれに分類されるか。

A　1－1－1　　B　1－1－2
C　2－1－3　　D　3－2－4
E　4－1－1　　F　4－1－2
G　4－2－2　　H　5－1－2

（2）3－2－4に分類される人は、次のうちどれか。

A　たかはし、男、38歳　　B　おかむら、女、60歳
C　くどう、　女、13歳　　D　なかた、　男、45歳
E　にしかわ、女、49歳　　F　わだ、　　男、27歳
G　ふじた、　女、30歳　　H　やまだ、　男、52歳

[問題2]左右の系列が同じ場合は○を、異なる場合は□を塗りつぶしなさい。

	同	異
(1) あるはりわ —— あろはりわ	○	□
(2) 26693 —— 26693	○	□
(3) タツオワシ —— タシオワシ	○	□
(4) bknhe —— dknhc	○	□

[正解と解答のポイント]

問題1

(1)ーF 氏名、性別、年齢の順に確認していこう。
「まつもと」は4、「男」は1、「22歳」は2に該当する。よって4－1－2に分類される。

(2)ーE まず名前が3（な行〜は行）に当てはまる選択肢だけ残そう。すると、D、E、Gが残る。
次に、性別が2（女性）に当てはまる選択肢を残す。すると、E、Gが残る。
これら2つの選択肢の年齢を比べると、当てはまるのはEとなる。

問題2

	同	異
(1)ー あるはりわ —— あろはりわ	○	■
(2)ー 26693 —— 26693	●	□
(3)ー タツオワシ —— タシオワシ	○	■
(4)ー bknhe —— dknhc	○	■

ごく単純な問題だが、実際の試験では緊張と焦りから間違うことが往々にしてある。読み飛ばすと間違いやすいので注意しよう。

英語系ー

英　語(1)

こんなテストで出題される!!　各種適性検査などには、英語を課すものがある。大体、大学入試レベルなので、おさらいしておこう。

[問題1]次の単語といちばん近い意味の単語を1つ選べ。

(1)provide

ア supply　イ bring　ウ promise
エ transport　オ remove

(2)bright

ア tidy　イ new　ウ intelligent
エ amiable　オ naive

(3)tale

ア song　イ supervisor　ウ hemisphere
エ story　オ caricature

[問題2]次の単語と反対の意味の単語を1つ選べ。

(1)departure

ア arrival　イ supermarket　ウ market
エ sailing　オ research

(2)rural

ア advanced　イ absolute　ウ urban
エ vacant　オ average

(3)enemy

ア foe　イ opponent　ウ rival
エ friend　オ brother

[問題3]次の文章を完成させるのに最適なものを選べ。

(1) Man is(ア by nature　イ by the nature　ウ in nature
エ in the nature　オ from the nature)a political animal.

(2) His daughter who is very pretty made a name (ア as イ by ウ from エ of オ to) a singer.

(3) Do in Rome (ア as イ in ウ which エ while オ to) the Romans do.『郷に入りては郷に従え』

(4) Look before you (ア step イ stop ウ leap エ go オ look).『転ばぬ先の杖』

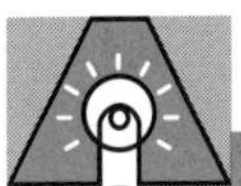

[正解と解答のポイント]

問題1

(1)ーア provide：供給する、与える
ア 供給する　イ 持ってくる　ウ 約束する
エ 輸送する　オ 取り除く

(2)ーウ bright：利口な、活発な、輝く
ア きちんとした　イ 新しい　ウ 頭のよい
エ 愛想のよい　オ 世間知らずな

(3)ーエ tale：物語、うわさ
ア 歌　イ 監督者　ウ 半球
エ 物語　オ 風刺画

問題2

(1)ーア departure：出発 ⇔ 到着
ア 到着　イ スーパーマーケット　ウ 市場
エ 出帆　オ 研究

(2)ーウ rural：田舎の ⇔ 都会の
ア 先進の　イ 絶対的な　ウ 都会の
エ 空白の　オ 平均

(3)ーエ enemy：敵 ⇔ 味方
ア 敵　イ 敵　ウ 敵
エ 友、味方、同志　オ 兄弟、同志

問題3

(1)ーア 「by nature：生まれつき」
和訳：人間は生まれつき政治的な動物である。

(2)ーア 「as：～として」
和訳：彼のとても可愛い娘は歌手として名をあげた。

(3)ーア 直訳すると「ローマにおいては、ローマ人がするようにしろ」。

(4)ーウ 直訳すると「跳ぶ前に見よ」。

英　語(2)

こんなテストで出題される!!　問題4は、GABの言語テストの英語版。かなり難しいので、自信がなければ、飛ばすのも1つの方法だ。

[問題4]次の英文を読み、(1)～(3)の設問がイ、ロ、ハのどれに当てはまるか答えなさい。

イ 本文の論理と照らして、明らかに正しい。
ロ 本文の論理と照らして、明らかに間違っている。
ハ 本文だけでは、設問の文は論理的に導けない。

In ancient Japan, a number of songs and singing styles such as *Kagura*, *Yamato-Uta*, and *Kume-Uta* existed, and these were also accompanied by simple dances. From approximately the 5th century, music and dances were brought to Japan from the ancient civilizations of countries such China and Korea at around the same time that Buddhist teachings and cultures were permeating the country. *Gagaku*, a fusion of these music and dances, was completed in its artistic form by about the 10th century, from whence it has been passed down from generation to generation under the patronage of the Imperial Family. The Japanese singing style and vocal arrangements for *Gagaku* are composed of advanced musical techniques, and have not only had a direct affect on the creation and development of modern-day music, but *Gagaku* itself also has the potential to develop in many aspects, as a global art form.

(Imperial Household Agency)

(1)The Buddhist teaching reached to Japan around the 5th century.
(2)In Gagaku, they only played musical instruments.
(3)Today, Gagaku is recognized as the best ethnic musical entertainment in the world.

[正解と解答のポイント]

問題4

(1)ーイ The Buddhist teaching reached to Japan around the 5th century.

和訳：仏教は5世紀ごろに日本に伝わった。

本文中2つめのセンテンスに、仏教や仏教文化が日本に広まったのが5世紀ごろからであるとの記述がある。この記述から判断して、答えはイ

(2)ーロ In Gagaku, they only played musical instruments.

和訳：雅楽では楽器のみが演奏される。

雅楽は"a fusion of these music and dances"(音楽と踊りの融合)であるとの記述がある。したがって、答えはロ

(3)ーハ Today, Gagaku is recognized as the best ethnic musical entertainment in the world.

和訳：今日では雅楽は最高峰の民族音楽であると認められている。

本文にそのような記述はない。したがって答えはハ

意訳 古代日本では、踊りをともなう神楽や大和唄、久米唄と呼ばれるさまざまな種類の歌や歌詠みの形式が存在していた。仏教や仏教文化が日本に広まった5世紀ごろから、日本周辺の文明国家であった中国や朝鮮半島から音楽や踊りが伝わったとされている。これらの音楽と踊りの融合であると言われる雅楽は10世紀ごろまでにはその芸術様式を完成させ、代々の天皇家の庇護のもと、今日まで継承されてきた。雅楽の声法や編曲の技法は高度な音楽技術によって構成されているが、それらは現代音楽の発展と創造に影響を与えるばかりではなく、雅楽それ自体が、さまざまな面で世界的芸術として発展する可能性を秘めているといえる。

(出典：宮内庁ホームページ)

クリエイティブ問題―

クリエイティブ問題とは

SPI３と直接の関係はないが、マスコミ系の企業でよく行われているクリエイティブテストについて紹介しておく。

出版社、広告代理店などのマスコミでの出題が多いが、最近は一般企業でもエントリーシートなどに書かせることが増えてきているので注意しよう。対策法は、基本的には自分で考えて書いて、友人やＯＢ・ＯＧ訪問の際などに志望企業の社員に見てもらうしかない。採用には関係ないが、広告代理店などが主催するクリエイティブ教室があるので、関心のある人は探して通うのも１つの方法だ。

クリエイティブ問題の攻略ポイント

★奇抜さ：発想力、独創性ともいえるが、他人が真似できないような考えを提示できるか否かにかかっている。

★アイデア力：これも奇抜さと同じだが、より提案型に近い。

★オチ：文章力が必要で、内容の面白さも問われる。

クリエイティブ問題の種類（近年出題されたもの）

１ 三題噺

講談社の筆記試験では「世界の誰かを笑顔にする〈孤独〉な自分」というテーマで「シナジー」「青春」「メラメラ」の三単語を使い800字以内で架空の面白い文を書く、という三題噺が課された。制限時間は60分。テーマと３つの単語は受験回によって変わる（例：卑怯というテーマで三単語は「エンパシー」「流行」「ざらざら」など）。テーマや３つの単語が受験回によって変わるのは、オンライン試験の影響もある。2025年度、2026年度は対面の会場を使う場合もある。

2 作文風のクリエイティブ問題

もっぱらテレビ局や出版社で出題される。フジテレビの「ご自身の特徴を川柳（５・７・５）で表現してください」やＴＢＳの「あなた自身に＃（ハッシュタグ）を７つ付けてください（字数制限なし）」などが典型的だ。

また、大手番組制作会社・テレビマンユニオンの「記者自分、登壇者自分という設定で『謝罪会見』をお願いします」（1000字）などがある。

それでは、採用試験で出されたクリエイティブ問題の例をいくつか、最近実施の中から挙げてみる。

〈秋田書店〉

- 漫画と○○

〈秋田魁新報社〉

- フェイクニュース時代のメディアについて

〈関西テレビ〉

- 人生で一番怒られたエピソードを教えてください

〈集英社〉

- 指定の枠内であなた自身が映っている写真を１～３枚使って、あなたの「（自称）三冠」を自由に紹介してください

〈主婦と生活社〉

- あなたがいちばんハマっている「人・コト・モノ」を１つ選び、それを「推し」ている理由を説明してください

〈テレビ東京〉

- あなた自身に見出しを付け、理由と共に説明してください

〈フジテレビ〉

- 自分って（意外と）シビアだなと思った瞬間

〈読売新聞〉

- プライマリーバランスについて（記者職）

クリエイティブ問題――

写真やイラストの説明

これだけ覚える!! 好印象を得るコツ　写真やイラストを見て発想を展開し、自分なりのストーリーを制限字数内でまとめる。参考として、出題例を３つ挙げておく。答えは自分で考えてみよう。

次の写真を見て、150字以内で自分なりに説明しなさい。

CHECK

[ここだけは要チェック!]

「無難」な解答は危険

写真説明の問題の場合、「日常的」な解答は避けたほうがよい。「無難」な解答は、かえって危険である。
ただし、いたずらに奇をてらえばよいというわけではなく、それなりの説得力がなければならない。ひとつ言えることは、パッと見た印象で書かないこと。頭の中で展開したストーリーを写真に当てはめるほうが書きやすいし、独自性も生まれる。

次のイラストを見て、130字以内で簡単な話を作りなさい。

「神秘の惑星」を簡単なイラストで表現しなさい。

CHECK [ここだけは要チェック!]

「持ちネタ」があると便利

イラストの問題は、主に出版社の採用試験やエントリーシートの課題として出題される。とくに「イラストで自己ＰＲをしなさい」という形で扱われることが多い。
イラストに慣れていない人は、いろいろな場面で使えそうな「持ちネタ」を用意しておこう。

オプション問題──

構造的把握力検査（1）

これだけ覚える!! 解法のポイント
SPI3から導入されたオプションテスト。計算の仕方などを頭の中で整理しなければ、構造を把握することはできない。どうすれば各文章の答えを導けるかをメモするとわかりやすくなるだろう。

2013年に登場した、ＳＰＩ３(テストセンター)のオプションで、かなり難解なテストである。ただし、テストセンターでのＳＰＩ３で、構造的把握力検査を必ず行うわけではない。著者が主宰する阪東ゼミの塾生からの過去のヒアリングでは、受けた経験があるのは1、2割である。また、テストセンターは予約時に受ける科目がわかる。

とはいっても、学生側からすると、何の対策もしないまま見たこともないテストを受けるのは不安だろう。そこで本書では、簡単な構造的把握力検査の例を挙げておくので、参考にされたい。

[問題１]次のア～エの中から、問題の構造が似ているものを２つ選び、下のA～Fで答えなさい。

ア　姉妹３人の身長の平均は155㎝で、３人のうち一番下の妹の身長は145㎝である。上２人の身長の平均は何㎝か。

イ　ある小学校で５回のテストがあり、ある生徒の成績は１回目から３回目までの平均が60点、４回目と５回目の平均が80点だった。この生徒の１回目から５回目までの平均点は何点か。

ウ　２桁の正の整数ＸとＹの差は７で、和は100である。ＸとＹの平均はいくつか。

エ　Ｐさんは今年の１月からコンビニでバイトをしていて、最初の４か月の毎月のアルバイト代は平均して14000円で、５月と６月は17000円だった。この６か月の毎月のアルバイト代の平均は何円か。

A アとイ　　B アとウ　　C アとエ
D イとウ　　E イとエ　　F ウとエ

[正解と解答のポイント]

問題１ーＥ　選択肢の答えの求め方を1つずつ整理していく。

アは、姉妹の平均身長から３人の身長の和を求め、そこから一番下の妹の身長を引き、2で割る。計算すると、(155×３－145)÷２=160

イは、１～３回目の平均から１～３回目の点数の和を、また４・５回目の平均から４・５回目の点数の和を求め、両方の和を足して５で割る。計算すると、(60×３+80×２)÷５=68

ウは、与えられている和(X＋Y＝100)を２で割れば求められる。計算すると、100÷２=50

エは、最初の４か月の平均から４か月分のバイト代の和を、また５月、６月の平均から５月、６月のバイト代の和を求め、両方の和を足して６で割る。計算すると、(14000×４+17000×２)÷６=15000　となり、イとエが「ある平均から全体の平均を求める」問題であることがわかる。よって、構造が似ているのはイとエなので、答えはＥ

※問題には２つのタイプがある。１つは[問題１]のように４つの選択肢の中から、構造に共通性のあるものの組み合わせを選ぶタイプ。もう１つは、５つの選択肢を２つのグループに分けた際に設問に合うグループを選ぶタイプである。また、[問題１]は非言語系だが、言語系の問題も出されるので、覚えておこう(ともに次ページ参照)。

新傾向問題

構造的把握力検査(1)

[ここだけは要チェック!]

CHECK

上記の解説からも、実際には計算をする必要がないことがわかるだろう。細かな計算をするのではなく、問題の答えを出すためにはどんな手順が必要なのかを整理すれば、自然に解ける。構造的把握力検査は「慣れ」が重要だ。また裏技として、リクルートの系列の会社(リクルートと名前がつく)にはおおむね構造的把握力検査が出るので、先にリクルートの系列の会社にエントリーしてテストセンターで受けて、慣れておく方法もある。

オプション問題――

構造的把握力検査(2)

これだけ覚える!! 解法のポイント

本書の例題を解いてみてまだピンとこない人は、専門の参考書を使って慣れておこう。ただし、すべての会社で採用されているものではないので、対策は企業からの通知後でもよいだろう。

言語系では、5つの選択肢を「関係性の違い」によって2つのグループに分けた際に、設問に合うグループを選ぶタイプの問題が出題される。

ここでは2問、例題を紹介しておこう。

[問題2]次のア～オを指示に従ってP(2つ)とQ(3つ)に分けるとき、Pに分類されるものはどれか。A～Jから選びなさい。

(指示)ア～オは2つの事柄の関係についての記述である。その関係性の違いによって、PとQの2つのグループに分けなさい。

ア 明日、彼女にこの本を渡そう。
イ 来週までにはこの課題も終わるだろう。
ウ この先の道は行き止まりかもしれない。
エ 春休みには皆で旅行に行くことに決めた。
オ あの事件は新聞に載るだろう。

A アとイ　B アとウ　C アとエ　D アとオ
E イとウ　F イとエ　G イとオ　H ウとエ
I ウとオ　J エとオ

[問題3]次のア～オを指示に従ってP(2つ)とQ(3つ)に分けるとき、Pに分類されるものはどれか。A～Jから選びなさい。

（指示）ア〜オは２つの事柄の関係についての記述である。その関係性の違いによって、ＰとＱの２つのグループに分けなさい。

ア　課題が終わるのにだいぶ時間がかかってしまった。パソコンが故障したために。
イ　朝ごはんを食べられなかった。寝坊したために。
ウ　買った小説をカバンの中に入れた。電車の中で読むために。
エ　クーラーを消さずに家を出てしまった。慌てていたために。
オ　今日は早く会社を出た。家族で食事をするために。

A アとイ　　B アとウ　　C アとエ　　D アとオ
E イとウ　　F イとエ　　G イとオ　　H ウとエ
I ウとオ　　J エとオ

［正解と解答のポイント］

問題２－C　Ｐ（ア、エ）…………ある事柄についての意思決定を示す文
Ｑ（イ、ウ、オ）……ある事柄についての推測を示す文
設問は「Ｐに分類されるものはどれか」なので、答えはC

問題３－I　Ｐ（ウ、オ）…………後文は前文の目的で、これから行うこと
Ｑ（ア、イ、エ）……後文は前文の原因で、すでに起きたこと
設問は「Ｐに分類されるものはどれか」なので、答えはI

コラム　阪東流　就職内定獲得術……………………その②

インターンシップでの早期選考にどう対応するか

2025年卒採用では、筆記試験は会場を借りて対面で実施した企業も増えてきている。

企業の採用担当は「オンラインでは相手がよくわからない」という不満をもっていた。学生からもＷＥＢ面接では面接官の声がよく聞き取れないという意見が聞かれた。そのため、最近では最終面接だけは対面でやる企業が増えた。今後もその傾向は続くだろう。

ＫＡＤＯＫＡＷＡは2025年卒採用では３年生を対象に2023年の夏〜冬にインターンシップを行った。早期選考ともいうべきもので、時給を出して週２、３回アルバイトをしてもらう。学業優先のため時間帯や曜日はわりと自由だが、採用がらみなので学生は必死だ。

しかも、インターンシップを経てオンラインでの面接がある。対面でのアルバイト期間に営業や作家との打ち合わせ、校正などの作業をやっているので、対面での面接の必要はなく、後は役員などに「成績」が提出される。オンライン面接で十分なのである。

この３年生の夏〜冬のインターンシップは、企業からすると優秀な人材を早期から囲い込むメリットがある。デメリットは人事などのコストがかかること。地方の学生のために別メニューで東京に呼ぶ、宿泊費も出す、という企業もある。

インターンシップを早期選考とすると、４年の４月からの本選考、４年の夏の秋採用も合わせて３つの選考が存在する。企業によってはインターンシップで落選した学生は以降の選考を受けさせない。

３年生、４年生は、自分の受ける業界のオンライン選考やインターンシップはどういう形式なのかを先輩から聞いてどうするのかを考えておきたい。そのような先輩との関係を作るためサークルや部活に積極的に参加しよう。本来の学生らしい生活も大切なのだ。

PART 4

性格検査

SPI3性格検査

■ 受検者の適性が６つの測定領域で測定される

2013年１月から、SPI適性検査の性格検査が大幅に変更されて「SPI３」として登場した。

SPI３性格検査では、従来のSPI２で測定された「情緒的側面」「行動的側面」「意欲的側面」「職務適応性」という４つの測定領域に「社会関係的側面」と「組織適応性」という２つの測定領域が追加された。

■「社会関係的側面」「組織適応性」とは

「社会関係的側面」では受検者の「上司や先輩・同僚・後輩などとの人間関係や、企業全体や配属部署など組織との関わりの中で（とくに、難題に直面したときに）現れやすい特徴」を、「組織適応性」では受検者の「組織への適応のしやすさ」や「どのような組織になじみやすいか」を測定する。

■ ２つの測定領域が追加された背景

これらの測定領域が追加された背景には、近年問題となっている、入社１～数年程度の若手社員の退職の増加がある。企業にとっては、少なからぬ費用をかけて採用し、育成しようとしている若手社員に辞められることは大きな損害であり、それをいかに食い止めるかが、各企業の人事担当の大きな課題となっている。

企業側の要望（ニーズ）に対応して登場したSPI３だが、受検者にとってもメリットがあると考えてよい。それは、この検査によって企業側と受検者とのミスマッチを少なからず抑えることができるからだ。

■ 2つから4つに増えた選択肢

構成上の特徴としては、①三部構成であること、②設問の内容や制限時間が企業によって異なること、③選択肢の数が2つから4つに増えたことが挙げられる。

第1～3部の三部構成になっており、設問数と制限時間はそれぞれ300問前後・40～50分程度となっている。また、SPI2までは「YES or NO」「A or B」の2択であったものが下記のような4択に増えて、受検者の性格適性をより細かく分類できるようになった。

パターン① **(第1部・第3部)**	**1：あてはまらない** **2：どちらかといえばあてはまらない** **3：どちらかといえばあてはまる** **4：あてはまる**
パターン② **(第2部)**	**A：Aに近い** **A'：どちらかといえばAに近い** **B'：どちらかといえばBに近い** **B：Bに近い**

1問数秒という限られた時間内に答えなければならないので、迷っている余裕はない。また、似たようなあるいはまったく同じ設問が繰り返される。これは、受検者が自分をよく見せようと回答を工夫しても、繰り返すうちに別の回答を選ぶように仕向けた「トラップ」で、せっかくの工夫＝嘘がばれてしまう。すると、報告書の応答態度に関する評価欄に「この受検者は自分をよく見せようとしている」と書かれてしまうのだ。したがって、企業が求めていそうな人物像をある程度わきまえたうえで、正直に答えていくのが基本である。

では、設問例をいくつか挙げてみよう。

面接官はココを見ている!

情緒的側面

①敏感性　神経質かどうか

例題：次の質問はあなたの行動や考えにどの程度あてはまるか。最も近い選択肢を選びなさい。

(1) 神経質な人だといわれる
(2) 物音などが気になるほうだ
(3) 几帳面な人だといわれる
(4) 自分は心配性だと思う
(5) 自意識過剰だとよくいわれる
・・・・・・・・・・・・・・・・・・・

1：あてはまらない
2：どちらかといえばあてはまらない
3：どちらかといえばあてはまる
4：あてはまる

● **検査から判断されるあなたの性格は**

〈1や2が多い人➡敏感性が低い〉

■ 面接ではコレをアピールしたい
○ 情緒が安定していて、おおらかである
○ 社会への適応力があり、多少のことでは動じない

■ 面接官はココに注目
○ 人の気持ちに鈍感で、無神経ではないか?
○ 自己主張が強く、人の意見を聞かないのでは?

〈3や4が多い人➡敏感性が高い〉

■ 面接ではコレをアピールしたい
○ 人の気持ちに敏感で、他人に優しい
○ 感受性が強く、細かいところにも気が回る

■ 面接官はココに注目
○ 注意が散漫で、集中力がないのではないか?
○ 神経質でささいなことに傷つきやすいのではないか?

ワンポイントアドバイス　敏感性の高い人は、圧迫面接(わざと嫌がらせのようなことを言ってくる)に注意しよう。

面接官はココを見ている!

情緒的側面

②自責性　自分を責めるタイプかどうか

例題：次の質問はあなたの行動や考えにどの程度あてはまるか。最も近い選択肢を選びなさい。

(1) 失敗をするといつまでも気になる
(2) よく後悔するほうだ
(3) 人より劣っていると思うことがある
(4) 無気力になりやすい
(5) 取り越し苦労をすることが多い
・・・・・・・・・・・・・・・・・・・・

1：あてはまらない
2：どちらかといえばあてはまらない
3：どちらかといえばあてはまる
4：あてはまる

● **検査から判断されるあなたの性格は**

〈1や2が多い人➡自責性が低い〉

■ 面接ではコレをアピールしたい
○ 楽天的でいつも明るい
○ 行動力、決断力があり、活発である

■ 面接官はココに注目
○ 責任感がなく、いい加減ではないか？
○ 落ち着きがないのでは？

〈3や4が多い人➡自責性が高い〉

■ 面接ではコレをアピールしたい
○ 自分に厳しく、他人に優しい
○ 真面目で、細かいこともおろそかにしない

■ 面接官はココに注目
○ 悲観的でいつまでもクヨクヨと悩むのではないか？
○ 決断、行動が遅いのではないか？

ワンポイントアドバイス　自責性の低い人は、無責任な印象を与えないように！

情緒的側面

③気分性　気分にムラがあるほうかどうか

例題：次の質問はあなたの行動や考えにどの程度あてはまるか。最も近い選択肢を選びなさい。

(1) 衝動的な行動に出ることがある
(2) 周りの意見に左右されやすい
(3) 感情的になりやすい
(4) 熱しやすく冷めやすい
(5) とくに意味もなく楽しくなることがある
・・・・・・・・・・・・・・・・・・・

1：あてはまらない
2：どちらかといえばあてはまらない
3：どちらかといえばあてはまる
4：あてはまる

● **検査から判断されるあなたの性格は**

〈1や2が多い人➡気分性が低い〉

■ 面接ではコレをアピールしたい
○ 冷静で、しっかりした考えをもっている
○ 意志が強く、人の意見に左右されない

■ 面接官はココに注目
○ 自己主張が強く、扱いにくくないか？
○ 冷めていて、つまらない人ではないか？

〈3や4が多い人➡気分性が高い〉

■ 面接ではコレをアピールしたい
○ 感情が豊かで、面白みがある

■ 面接官はココに注目
○ 意志が弱く、1つのことをやりとおせないのではないか？
○ 情緒が不安定で、衝動的に行動するのではないか？

ワンポイントアドバイス　気分性の高い人は、感情豊かという点をうまくアピールできないと社会人としてはツライかもしれない。

面接官はココを見ている!

情緒的側面

④独自性　個性が強いかどうか

例題：次の質問はあなたの行動や考えにどの程度あてはまるか。最も近い選択肢を選びなさい。

(1) 人間関係がわずらわしい
(2) 自分の意見をもっている
(3) 自分の時間を大切にしたい
(4) 人は人、自分は自分だと思う
(5) 人に反対されても気にしない
・・・・・・・・・・・・・・・・・

1：あてはまらない
2：どちらかといえばあてはまらない
3：どちらかといえばあてはまる
4：あてはまる

● **検査から判断されるあなたの性格は**

〈1や2が多い人➡独自性が低い〉

■ 面接ではコレをアピールしたい
○ 協調性があり、みんなとうまくやっていける
■ 面接官はココに注目
○ 自分の意見がなく、周りに流されやすいのではないか？
○ この人でなくては、という個性がないのではないか？

〈3や4が多い人➡独自性が高い〉

■ 面接ではコレをアピールしたい
○ ユニークで、自分の独特の考えをもっている
■ 面接官はココに注目
○ わがままで、人の意見を聞かないのではないか？
○ 常識や協調性はあるのか？

ワンポイントアドバイス　独自性の高い人は、周りにも気を配れることをさりげなくアピールしておこう。

面接官はココを見ている!

情緒的側面

⑤自信性　自分に自信があるかどうか

例題：次の質問はあなたの行動や考えにどの程度あてはまるか。最も近い選択肢を選びなさい。

(1) 自尊心が強いと思う
(2) 人を説得する自信がある
(3) 気が強い人だといわれる
(4) 自分の意見ははっきり言う
(5) 人に注意されると腹が立つ
・・・・・・・・・・・・・・・・・・・

1：あてはまらない
2：どちらかといえばあてはまらない
3：どちらかといえばあてはまる
4：あてはまる

● **検査から判断されるあなたの性格は**

〈1や2が多い人➡自信性が低い〉

■ 面接ではコレをアピールしたい

○ 控えめで、他人に優しくすることができる

■ 面接官はココに注目

○ いざというときに頼りになるのか？
○ 自分に自信がなく、卑屈なところはないか？

〈3や4が多い人➡自信性が高い〉

■ 面接ではコレをアピールしたい

○ しっかりした意見をもっている
○ 堂々としていて物怖じしない

■ 面接官はココに注目

○ 自分と違う意見に耳を貸さないのではないか？
○ 傲慢な態度をとることはないか？

ワンポイントアドバイス　自信性の高い人は、くれぐれも傲慢な印象を与えないように注意しよう。

面接官はココを見ている!

情緒的側面

⑥高揚性　興奮しやすいかどうか

例題：次の質問はあなたの行動や考えにどの程度あてはまるか。最も近い選択肢を選びなさい。

(1) お祭りが好きだ
(2) カッとなることがよくある
(3) じっとしているのは苦手だ
(4) おしゃべりが好きだ
(5) お調子者だといわれる

1：あてはまらない
2：どちらかといえばあてはまらない
3：どちらかといえばあてはまる
4：あてはまる

● **検査から判断されるあなたの性格は**

〈1や2が多い人➡高揚性が低い〉

■ 面接ではコレをアピールしたい
○ いつも冷静で、信頼できる存在である
■ 面接官はココに注目
○ フットワークが悪く、行動力に欠けているのではないか？
○ 地味で暗い人なのではないか？

〈3や4が多い人➡高揚性が高い〉

■ 面接ではコレをアピールしたい
○ 明るくて目立つ存在である
■ 面接官はココに注目
○ 落ち着きがなく、軽率な行動が多いのではないか？
○ 気分に波があり、情緒が安定していないのでは？

ワンポイントアドバイス
高揚性が高い人は、圧迫面接で面接官とケンカにならないように！

面接官はココを見ている!

行動的側面

①社会的内向性　人見知りなほうか

例題：次の質問はあなたの行動や考えにどの程度あてはまるか。最も近い選択肢を選びなさい。

（1）A：人見知りをするほうだ
　　B：誰とでも仲よくなれる
（2）A：社交的な集まりに出るのは苦手だ
　　B：社交的な集まりに出るのは好きだ
（3）A：人前で意見を発表するのが苦手だ
　　B：人前で意見を発表するのが好きだ
（4）A：会合などでは人に紹介される
　　B：会合などでは人を紹介する

A：Aに近い
A'：どちらかといえばAに近い
B'：どちらかといえばBに近い
B：Bに近い

● **検査から判断されるあなたの性格は**

〈AやA'が多い人➡社会的内向性が高い〉

■ 面接ではコレをアピールしたい
○ 控えめで、人の気持ちを考えられる
■ 面接官はココに注目
○ 自分の意見をはっきり言えないのではないか？
○ 内気で存在感のない人なのではないか？

〈BやB'が多い人➡社会的内向性が低い〉

■ 面接ではコレをアピールしたい
○ 自分の意見をはっきり言える
○ 社交的で誰とでも親しくなれる
■ 面接官はココに注目
○ 愛想だけよくて、いい加減な人間ではないか？

行動的側面

②内省性　物事を深く考えるかどうか

例題：次の質問はあなたの行動や考えにどの程度あてはまるか。最も近い選択肢を選びなさい。

（1）A：計画を立ててから行動するほうだ
　　B：あれこれ考えずに行動するほうだ
（2）A：決断が遅い
　　B：すぐに決断できる
（3）A：落ち着いているとよくいわれる
　　B：活動的だとよくいわれる
（4）A：自分は理屈っぽいと思う
　　B：自分は行動派だと思う

A：Aに近い
A'：どちらかといえばAに近い
B'：どちらかといえばBに近い
B：Bに近い

● 検査から判断されるあなたの性格は

〈AやA'が多い人➡内省性が高い〉

■ 面接ではコレをアピールしたい
○ いろいろと考えることが好き
○ 細かいところにも目が行き届く

■ 面接官はココに注目
○ 理屈っぽく、とっつきにくいのではないか？
○ 決断力、行動力がないのではないか？

〈BやB'が多い人➡内省性が低い〉

■ 面接ではコレをアピールしたい
○ 決断が早くサバサバしている　○ 行動的でフットワークが軽い

■ 面接官はココに注目
○ 軽率なところがないかどうか？
○ 深く考えることができないのではないか？

面接官はココを見ている!

行動的側面

③身体活動性　体を動かすことが好きか

例題：次の質問はあなたの行動や考えにどの程度あてはまるか。最も近い選択肢を選びなさい。

（1）A：体を動かすことが好きだ
　　B：じっとしているほうが好きだ
（2）A：活動的だとよくいわれる
　　B：のんびりしているといわれる
（3）A：休日には外出することが多い
　　B：休日は家で過ごすことが多い
（4）A：思い立ったらすぐに行動する
　　B：すぐには行動に移さないことが多い

A：Aに近い
A'：どちらかといえばAに近い
B'：どちらかといえばBに近い
B：Bに近い

● **検査から判断されるあなたの性格は**

〈AやA'が多い人➡身体活動性が高い〉

■ 面接ではコレをアピールしたい
○ 積極的で活発である
○ 動作や反応が早く、キビキビしている
■ 面接官はココに注目
○ 落ち着きがあるか？

〈BやB'が多い人➡身体活動性が低い〉

■ 面接ではコレをアピールしたい
○ 落ち着いていて、しっかりしている
■ 面接官はココに注目
○ 消極的で、活動範囲が狭いのではないか？
○ 行動が遅いのではないか？

面接官はココを見ている!

行動的側面

④持続性　忍耐力があるか

例題：次の質問はあなたの行動や考えにどの程度あてはまるか。最も近い選択肢を選びなさい。

（1）A：あきらめたらおしまいだ
　　B：あきらめが肝心だ
（2）A：しぶといほうだ
　　B：あっさりしているほうだ
（3）A：一度始めたことは最後までやりとおす
　　B：途中で他のことにも興味をもつほうだ
（4）A：自分は努力家だと思う
　　B：自分は臨機応変だと思う

A：Aに近い
A'：どちらかといえばAに近い
B'：どちらかといえばBに近い
B：Bに近い

● **検査から判断されるあなたの性格は**

〈AやA'が多い人➡持続性が高い〉

■ 面接ではコレをアピールしたい
○ 粘り強く、物事を最後までやりとおす
○ 物事にこだわりをもっている
■ 面接官はココに注目
○ 頑固でつき合いづらいのではないか？
○ 柔軟な対応ができるのか？

〈BやB'が多い人➡持続性が低い〉

■ 面接ではコレをアピールしたい
○ 臨機応変で柔軟な対応ができる
■ 面接官はココに注目
○ 深く思い入れることがなく、いい加減ではないか？
○ 物事を最後までやりとおせるのか？

面接官はココを見ている!

行動的側面

⑤慎重性　慎重かどうか

例題：次の質問はあなたの行動や考えにどの程度あてはまるか。最も近い選択肢を選びなさい。

（1）A：旅行は計画を立ててから行く
　　B：気ままな旅行が好きだ
（2）A：見通しがつかないと不安を感じる
　　B：見通しがつかなくても気にならない
（3）A：物事には慎重なほうだ
　　B：物事には大胆なほうだ
（4）A：行動する前に考え直すことが多い
　　B：衝動的に行動することが多い

A：Aに近い
A'：どちらかといえばAに近い
B'：どちらかといえばBに近い
B：Bに近い

● 検査から判断されるあなたの性格は

〈AやA'が多い人➡慎重性が高い〉

■ 面接ではコレをアピールしたい

○計画的に物事を進められる
○いつも冷静で、自分を過信しない

■ 面接官はココに注目

○心配性で、決断が遅いのではないか？
○思い切りに欠けるのではないか？

〈BやB'が多い人➡慎重性が低い〉

■ 面接ではコレをアピールしたい

○物事に柔軟に対応することができる

■ 面接官はココに注目

○計画性がなく、軽率な行動が多いのではないか？
○状況を誤って判断しやすいのではないか？

意欲的側面

①達成意欲　物事に意欲的かどうか

例題：次の質問はあなたの行動や考えにどの程度あてはまるか。最も近い選択肢を選びなさい。

（1）A：人の上に立ちたい
　　 B：人から好かれたい
（2）A：野心家といわれる
　　 B：欲がないといわれる
（3）A：挑戦していく仕事がしたい
　　 B：堅実な仕事がしたい
（4）A：何か大きなことをやってみたい
　　 B：人並みであればよいと思う

A：Aに近い
A'：どちらかといえばAに近い
B'：どちらかといえばBに近い
B：Bに近い

● **検査から判断されるあなたの性格は**

〈AやA'が多い人➡達成意欲が高い〉

■ 面接ではコレをアピールしたい
○ 負けず嫌いで、頑張り屋
○ チャレンジ精神が旺盛
■ 面接官はココに注目
○ 理想が高く、地味な作業を嫌うのではないか？
○ 結果だけでなく、過程も大切にしているか？

〈BやB'が多い人➡達成意欲が低い〉

■ 面接ではコレをアピールしたい
○ 与えられた仕事を着実にこなす
○ 物事の過程を重視して、真剣に取り組む
■ 面接官はココに注目
○ 欲がなく、自主性に欠けるのではないか？

面接官はココを見ている!

意欲的側面

②活動意欲　エネルギッシュかどうか

例題：次の質問はあなたの行動や考えにどの程度あてはまるか。最も近い選択肢を選びなさい。

(1) A：攻めに強いほうだ
　　B：守りに強いほうだ
(2) A：自分から進んで行動する
　　B：人の後からついていく
(3) A：あれこれ考える前に行動する
　　B：考えてから行動する
(4) A：決断は早いほうだ
　　B：優柔不断なほうだ

A：Aに近い
A'：どちらかといえばAに近い
B'：どちらかといえばBに近い
B：Bに近い

● 検査から判断されるあなたの性格は

〈AやA'が多い人➡活動意欲が高い〉

■ 面接ではコレをアピールしたい
○ バイタリティがあり、いつも元気である
○ 決断力があり、キビキビしている
■ 面接官はココに注目
○ 強引なところがあるのではないか？

〈BやB'が多い人➡活動意欲が低い〉

■ 面接ではコレをアピールしたい
○ 安全を重視し、秩序を守る人間である
■ 面接官はココに注目
○ バイタリティがなく、頼りなくないか？
○ 本当にやる気があるのか？

面接官はココを見ている!

社会関係的側面（全般）

人間関係や組織との関わりの中でどのような特徴が表れるか

例題：次の質問はあなたの行動や考えにどの程度あてはまるか。最も近い選択肢を選びなさい。

（1）A：人の意見を受け入れる
　　B：自分の意見を主張する
（2）A：丁寧な指導を受けたい
　　B：好きなようにやらせてほしい
（3）A：チームワークを第一に考える
　　B：成果を出すことを第一に考える
（4）A：人の反応が気になる
　　B：人がどう思うかは重要ではない

A：Aに近い
A'：どちらかといえばAに近い
B'：どちらかといえばBに近い
B：Bに近い

● **検査から判断されるあなたの性格は**

〈AやA'が多い人➡周りに頼る傾向が強い〉

■ 面接ではコレをアピールしたい
○ 厳しい状況に対しては、周囲と協力して解決する
○ 先頭に立つほうではないが協調性は高い

〈BやB'が多い人➡人には頼らない傾向が強い〉

■ 面接ではコレをアピールしたい
○ 厳しい状況に対しては、自分1人でも立ち向かう
○ 今までリーダーになることが多かった

ワンポイントアドバイス　A'やB'が多い人は、状況に応じてリーダーにも裏方にもなれるとアピールすることもできる

■著　者　阪東　恭一(ばんどう　きょういち)

1981年、早稲田大学第一文学部卒。新潮社に入社し、『週刊新潮』編集部に５年在籍。86年、毎日新聞社に入社。船橋支局の記者に。88年、朝日新聞社に転職。東京社会部に配属。社会部記者として昭和天皇崩御の記事などを担当。
就職指導としては、早稲田マスコミセミナー専任講師を経て92年に「阪東100本塾」を設立。内閣府、東京都庁、住友林業、鹿島建設、JR東日本、高砂熱学工業、講談社、集英社、光文社、双葉社、新潮社、NHK、TBS、毎日放送、テレビ朝日、読売テレビ、ABC(朝日放送)、読売新聞、日本経済新聞、中日新聞など、約1000人の内定実績がある。また、一橋大学、琉球大学、東海大学、成城大学などでも講師を務めた。一般企業向けの就職関係の著作も多数ある。

「阪東100本塾ホームページ」http://www.banzemi.jp/

■企画・編集　成美堂出版編集部

本書に関する正誤等の最新情報は、下記のアドレスで確認することができます。
https://www.seibidoshuppan.co.jp/support/

上記ＵＲＬに記載されていない箇所で正誤についてお気づきの場合は、書名・発行日・質問事項・ページ数・氏名・郵便番号・住所・ファクシミリ番号を明記の上、**郵送**または**ファクシミリ**で**成美堂出版**までお問い合わせください。
※**電話でのお問い合わせはお受けできません。**
※本書の正誤に関するご質問以外にはお答えできません。また、受検指導などは行っておりません。
※ご質問の到着確認後、10日前後に回答を普通郵便またはファクシミリで発送いたします。
ご質問の受付期限は、2025年４月末までとさせていただきます。ご了承ください。

就職試験　これだけ覚えるSPI高得点のコツ　'26年版

2024年５月20日発行

著　者　阪東恭一(ばんどう きょういち)
発行者　深見公子
発行所　成美堂出版
〒162-8445　東京都新宿区新小川町1-7
電話(03)5206-8151　FAX(03)5206-8159
印　刷　大盛印刷株式会社

ISBN978-4-415-23833-3
落丁･乱丁などの不良本はお取り替えします
定価は表紙に表示してあります